日蓮像　1288年（正応《しょうおう》元）、日蓮７回忌に弟子たちが造立した。等身大、木造。（東京都大田区：池上本門寺蔵）

上：**弘安《こうあん》の役《えき》**　石築地《いしついじ》（生《い》
松原）で警固する菊
の前を進む竹崎季長《たけざきすえなが》
頭の騎《き》馬《ば》武者）。（「
襲来《しゅうらい》絵《え》詞《ことば》」、宮内庁三
丸尚蔵館蔵）

右：**現存する石築地**　博
岸の各所に残る。写
上の絵詞と同じ生の
元寇防塁。（アフロ
提供）

左：**蒙古兵の船**　蒙古兵
鼓《こ》や銅《ど》鑼《ら》を打ち鳴ら
の声を上げて、集団
を用いた。（「蒙古襲
詞」、宮内庁三の丸
館蔵）

右：**曼荼羅本尊《まんだらほんぞん》**　日蓮の自筆で弟子日朗《にちろう》に与えたもの。日蓮の臨終に際して枕頭《ちんとう》に掲げたものといわれ、「臨滅度時本尊」とよばれる。縦約159cm、横約102cmの大きさ。（鎌倉市：妙本寺蔵）

下：**日蓮の辻説法《つじせっぽう》跡地**　鎌倉市小町にある。鎌倉時代には武士の館や商家の立ち並ぶ賑やかな場所であったという。

新・人と歴史　拡大版

42

日蓮と蒙古襲来

川添 昭二 著

SHIMIZUSHOIN

本書は「人と歴史」シリーズ（編集委員　小葉田淳、沼田次郎、井上智勇、堀米庸三、田村実造、護雅夫）の『日蓮―その思想・行動と蒙古襲来』として一九七一年に、「清水新書」の『日蓮と蒙古襲来』として一九八四年に刊行したものに地名や仮名遣いなどの表記の一部を改めて復刊したものです。

まえがき

❖蒙古襲来とその時代

出会いとはまことに不思議なものである。一見偶然なことのようであっても、よく考えると、それなりの必然性があるものだ。一三世紀後半におこった蒙古《もうこ》襲来《しゅうらい》も、そのようなものである。蒙古襲来は、世界的な征服王朝である元《げん》（蒙古）と島国の封建国家日本との出会いであった。この出会いは日本の側からは、元の侵略、つまり元寇《げんこう》と呼ばれている。元寇という言葉は一三〜一四世紀の日本には見当たらない。近世になって熟した用語である。一三〜一四世紀では、蒙古襲来と呼ばれていた。

当時の日本人は蒙古（＝モンゴル）のことを異国あるいは異賊《いぞく》といった。蒙古人の襲来にそなえて防衛に従うことを、異国あるいは異賊という言葉の下にさらに警固《けいご》・防御《ぼうぎょ》・用心などの言葉をそえて異国警固・異賊防御などといいあらわしていた。いわゆる文永《ぶんえい》・弘安《こうあん》の役《えき》のことは、異国合戦《かっせん》あるいは蒙古合戦と呼んでいる。

外モンゴリアの黒龍江《こくりゅうこう》（アムール川）上流地域に住んで遊牧《ゆうぼく》をこととしていた蒙古人のなかから、一二世紀末、テムジンが出て、たちまち全モンゴル部族を統一し、一二〇六年にはチンギス汗《かん》と称した。軍事的天才チンギス汗は、遊牧社会の移動性を利して征服事業に乗り出した。東南方の金《きん》・西夏《せいか》を侵し、西はカスピ海に達するモンゴル帝国をきずいた。チンギス汗の死後、蒙古の征服は続き、その勢力は中央アジア・西南アジアから東ヨーロッパにおよんだ。

この広大な地域を政治的に長く統一しておくことは、所詮《しょせん》、不可能である。汗位の継承をめぐる紛争は、この空前の世界帝国に分裂をもたらした。一二六〇年のフビライの即位をきっかけにして四つの汗国が分離独立し、中国を中心とする元朝が成立した。フビライを首長とする元朝は東アジア世界の中心として、新しい支配秩序の形成に乗り出した。それは端的には高麗《こうらい》の征服、南宋《なんそう》の攻略になってあらわれた。

蒙古が最後的な攻略の目標にしている宋（九六〇～一二七九）は、その興起《こうき》以来、長い期間にわたって日本と交渉をもっていた。日本と南宋の関係を切り離すことは、南宋を攻略して東アジアの新しい支配秩序の形成に一段落をつけようとする蒙古にとって、しなければならない仕事であった。こうして、高麗を征服しおえた蒙古は、高麗を介して日本を招いた。このフビライの意図のなかに、日本との交易の利を思う気持ちがはたらいていたことは否定できない。

当時の日本の国際情勢に関する情報は、主として、南宋側から得られたものであった。蒙古からほろぼされようとしている国からの情報が、どのような性質のものであるかはおのずから明らかである。蒙古からの国書を、日本は、はじめから侵略のさきぶれとしてしかうけとらなかった。大国の面目を立てるためのものだという蒙古の招きに、日本は柔軟に対応することができなかった。この結果が蒙古襲来である。これらのことについては、本書の「II 蒙古国書の到来」で日蓮《にちれん》（一二二二～八二）を中心にしながら述べている。

それでは蒙古の襲来をうけた当時の日本の情勢はどのようなものだったのか。そのあらましを述べておこう。

この時代は、ひとくちに鎌倉時代《かまくらじだい》といわれる。一二世紀の末、源平争乱を経て鎌倉幕府《ばくふ》が成立し、武士階級は源頼朝《みなもとのよりとも》を中心に独自の政権をつくり出したが、伝統的な権威をもつ朝廷を政治的にも文化的にも克服しえたわけではなく、公《こう》・武《ぶ》二つの政権が並立した形をとっていた。公武二重政権の時代といわれる。それが一二二一年（承久《じょうきゅう》三）の承久の乱によって幕府の朝廷に対する優位は動かしがたいものになった。いっぽう幕府の支配下にある守護《しゅご》・地頭《じとう》は荘園《しょうえん》（庄園）の侵略などをとおして公家《くげ》勢力をおかし、公・武の二元的支配は、武家による一元的支配への方向を強めていった。文化の面でも同じことがいえる。古い伝統的な公家文化にたいして新興の武家文化が形成され、年を経るにしたがい後者がしだいに、優勢になっていった。

武家による一元的支配の方向を、実際に推進していったのは北条氏《ほうじょうし》を中心とする執権《しっけん》政治である。北条泰時《やすとき》は一二三二年（貞永《じょうえい》元）に『御成敗式目《ごせいばいしきもく》』を制定して武家社会の秩序を法文化し、執権政治の確立に大きな足跡を残した。泰時のあと経時《つねとき》・時頼《ときより》が相次いで執権となった。時頼（一二二七〜六三）は頼朝以来の豪族三浦氏《みうらし》を倒して北条氏独裁の体制をつくりあげ、引付衆《ひきつけしゅう》を設けて裁判の公平と迅速《じんそく》をはかり、いっぽう後嵯峨上皇《ごさがじょうこう》の皇子宗尊親王《むねたかしんのう》を将軍に迎えて朝廷との関係を円滑にし、武家政権の安定をはかった。

北条氏を中心とする武家政権といっても、実際には、北条氏のなかでもとくにその家督《かとく》の地位にある嫡流《ちゃくりゅう》のものが政権をにぎっていた。つまり義時《よしとき》－泰時－時頼－時宗《ときむね》の系統である。この系統は義時の法号にちなんで得宗《とくそう》と呼ばれている。得宗は北条氏一門を各国の守護に送りこみ、その家来（得宗被官《ひかん》）を幕府政治の要職につけるなど、制度的な面で政権の安定をはかった。交通の要地など全国の重要な地点に所領を設け経済的な基盤の拡充にも力をそそいだ。

このように、北条氏の嫡流による独裁的権力が形成されていたときに蒙古の襲来をみたのである。このこととの理解は、本書を読まれるうえにたいへん重要である。このことは蒙古の襲来にだけ即していえば、日本にとって幸いな結果をもたらしたともいえる。というのは、戦争のばあい、軍隊の編制、基地、装備補給の問題など、つまり作戦計画をうまくはこばねばだめだし、それは一に指揮《しき》系統の強弱のいかんにかかわっている。武家による一元的支配の方向が、北条氏嫡流の独裁的権力のもとで推進されていたことは、応戦指揮の面からいえば、上から下への指揮系統が強くととのえられるという意味でまことに有効であった。また、このことが日蓮の宗教に重要な刻印《こくいん》をうっていくことについては本書のなかで述べていく。

❖日蓮と蒙古襲来

禅宗《ぜんしゅう》・真宗《しんしゅう》・日蓮宗など鎌倉時代に開かれた鎌倉仏教は、現在でも教団としての勢力は強く、宗教活動も活発である。これらの宗派の現代日本人の精神生活に占める役割はきわめて大きいといわねばならない。それは、鎌倉仏教が日本人の精神の歴史のうえでもっとも高い達成を示したことの直接の成果である。ここで、もっとも高い達成を示したということの意味は、鎌倉仏教では、すべての根源は信仰にあるという立場から、階級の差別をこえた精神的救済が示されたことをさしていうのである。法然《ほうねん》・道元《どうげん》・親鸞《しんらん》・日蓮など鎌倉仏教の祖師《そし》たちの教説は、人間として生きることの意味を、時間をこえて、現在のわれわれに強くかたりかけてくる。

鎌倉仏教は、おのおのの祖師に即していうと、（一）法然（源空《げんくう》）・栄西《ようさい》、（二）親鸞・道元、（三）日蓮・一遍《いっぺん》の三つの段階を経ている。最後の段階に出た日蓮は、前の段階におこなわれた宗教の批判をとおして自分の宗教を達成していく形をとった。しかしそれはやみくもに他を非難・排撃《はいげき》するだけのものではなかった。

長い学習期間をかけて、いろいろな経典・宗教を比較検討した結果、『法華経《ほけきょう》』こそが釈尊《しゃくそん》の教えとして最高絶対のものだという確信に到達した。日進は、『法華経』にたいする絶対信仰の立場かち歴史と人間を考え、前におこなわれている信仰をよこしまなものとして、その是《ぜ》正《せい》を企て、それが完了するところに理想的な社会が実現するものと確信した。日蓮は不動の信仰をもってこのことを説いたから、その教説はたいへんきびしい諸宗批判の形をとることになったのである。これらのことについては、本書の「I 『立正安国論《りっしょうあんこくろん》』とその前後」で述べる。

日蓮にとって『法華経』はすべてのものの根源であった。自分の言動のひとつひとつが『法華経』によって証明されていくことをこのうえもないよろこびとした。すべての事象が『法華経』信仰の意味文脈のなかで解釈された。だから、『法華経』は時代に生きるための無上の指針であった。

日蓮が生きた時代というのは、前に述べたような時代であった。日蓮は現実においては、北条氏の権力を認めながらも、信仰の世界においては、国家や権力を『法華経』至上主義の立場から位置づけた。信仰の世界、つまり根源的な立場では、一つの国家や権力は『法華経』を全面的に生かすものであるかどうかに、その存在理由がかかっていた。生かしえないとすれば、それは否定されなければならなかった。日蓮自身と、日蓮の教えに結集するものが、現世の法と機構からきびしい弾圧を被《こうむ》った理由はここにある。これらのことについては、本書の「Ⅲ 文永《ぶんえい》八年の法難《ほうなん》」で述べている。

『法華経』信仰を堅持《けんじ》し、それを時代的課題の解決の指針としていった日蓮の態度は、宗教者としてまったくみごとというほかはない。その時代的課題というのは、事実としては、ほかならぬ蒙古襲来のことであった。

蒙古襲来は、太平洋戦争を論外としていえば、異民族による大々的な侵攻として日本史上他に例をみないものである。一〇一九年（寛仁《かんにん》三）、五〇余艘《よそう》で北九州をおそった刀伊《とい》（満州［中国東北部］の女真族《じょしんぞく》）の入寇《にゅうこう》など、その規模において比較にならない。蒙古の襲来に対応したのが、前に述べたような性格をもつ北条氏の政権であった。武家による一元的支配の進行を背景にしながら、北条氏はその独裁的な権力を国土防衛に活用した。

信仰は時代に生きる指針だとした日蓮にとって、蒙古問題はその教説の展開にとってその本質をかけた課題であった。こまかいことは本書のなかで述べるが、要約した言い方をするなら、日蓮は蒙古問題を軸にして自己の教説を社会化したのである。一三世紀後半の日本は、その動きをすべて蒙古問題によって規定されていたといっても過言ではない。日蓮はこのことを、そのままに代弁する宗教的個性であった。史料的には蒙古問題については何もいい残していない一遍《いっぺん》（一二三九〜八九）についても、本質的にはほぼ同じことがいえる。多くの民衆をひきつけた一遍の踊《おど》り念仏《ねんぶつ》に、蒙古襲来の恐怖からのがれようとするメシア（救世主）運動のおもかげをみようとするのは、みまちがいであろうか。

日蓮は蒙古襲来の宗教的な意味を問いつづけ説きつづけた。だから、個人単位でいうと、蒙古襲来にたいする中世の日本人の精神的緊張を、日蓮のようにこまかく書き残している人物は、ほかにまったく見当たらない。蒙古襲来の問題を全体として理解するためには、日蓮を素通りにすることはできない。

では国をあげての国土防衛という、つきつめて秩序的であろうと緊張した時代に、日蓮はいったいどのような姿勢で対応していったのだろうか。国聖日蓮の名のもとに、ひところいわれていたように、「国難来たる」を叫んで敵国降伏の熱烈な祈禱《きとう》をささげたのであろうか。ここまで述べているところからでもほぼ見当がつくと思うが、結論的にいえば、まったく逆なのである。日蓮は蒙古襲来の問題についても、『法華経』至上主義の立場から、それこそ徹頭徹《てっとうてつ》尾《び》、宗教的意味文脈のなかでしか、ものをいわなかった。つまりおおづかみにいえば、国家や民族よりも宗教的な真理のほうが重いとしたのである。本書はこの間のことを具体的に説明することを主眼にしている。

日蓮を説明するには、きわめて多面的な準備が必要である。たとえば、日蓮の遺文《いぶん》を一度でもひもといたことのある人は、仏の慈悲にも似た日蓮の人情のこまやかさについて感嘆《かんたん》する。女性信徒が多いのもそのためだといわれる。蒙古襲来との関係を主題とする本書は、日蓮のそのような点については、ついにふれえなかった。日蓮についての問題は、それこそ山ほどある。

今後とも日蓮研究を蓄積して、いつの日にか総合的な日蓮論を書きたいものだと念じている。

一九年も前になるが、わたくしは大学の卒業論文に日蓮をとりあげた。そして、日蓮を理解するためには、さらにその時代についての勉強が必要だと痛感した。その時代とは、すなわち蒙古襲来の時代のことである。以後、断続的ではあるが、その面の勉強に心がけ、日蓮を蒙古襲来の時代のなかで理解することにつとめてきた。ささやかなものだが、本書はその一報告である。しかし少ない紙数で多くのことを述べようとしたため、心あまって言葉足らずの内容になったのではないかとおそれている。遠慮のない批判を寄せていただきたい。

今年（昭和四六年）は日蓮生誕七五〇年にあたっている。この記念すべき年に、読者のみなさんといっしょに、歴史における日蓮について考える機会をもちえたことは、たいへんうれしいことである。日蓮は日本史上の最高峰に位する宗教者の一人である。宗派の枠をこえ、現代日本人に残された貴重な精神的遺産として、もっともっと多くの人の理解をえたいものである。本書がそのような役割を少しでも果たすことができたら、それこそ望外のしあわせである。

本書を書くにあたって参考にした文献は本書の末尾にかかげたが、そのなかでもとくに高木豊氏の著作に学ぶところが多かった。あわせて深謝の意を表する。使用した日蓮遺文は『昭和定本　日蓮聖人遺文』である。

昭和四六年四月

著者しるす

目次

Ⅲ

文永八年の法難

Ⅳ

異国合戦―文永の役―

Ⅴ

終焉の章―弘安の役と日蓮の死―

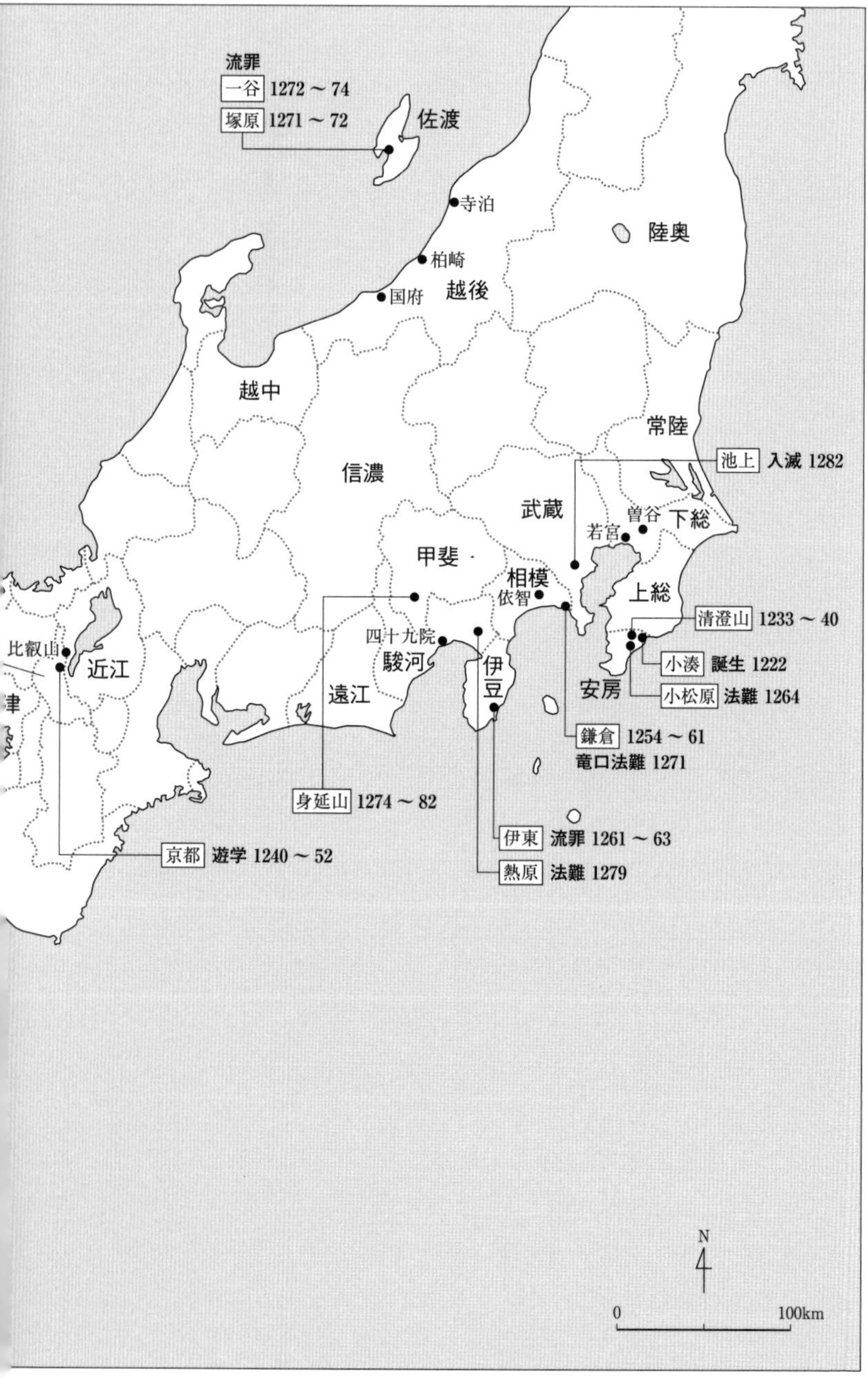
流罪
一谷 1272〜74
塚原 1271〜72
佐渡
寺泊
柏崎
国府
越後
陸奥
越中
信濃
常陸
池上 入滅 1282
武蔵
曽谷
下総
若宮
甲斐
相模
依智
上総
清澄山 1233〜40
四十九院
駿河
伊豆
比叡山
近江
小湊 誕生 1222
遠江
安房
小松原 法難 1264
鎌倉 1254〜61
竜口法難 1271
身延山 1274〜82
伊東 流罪 1261〜63
京都 遊学 1240〜52
熱原 法難 1279
N
0
100km

日蓮の遍歴と本書に関係する国名

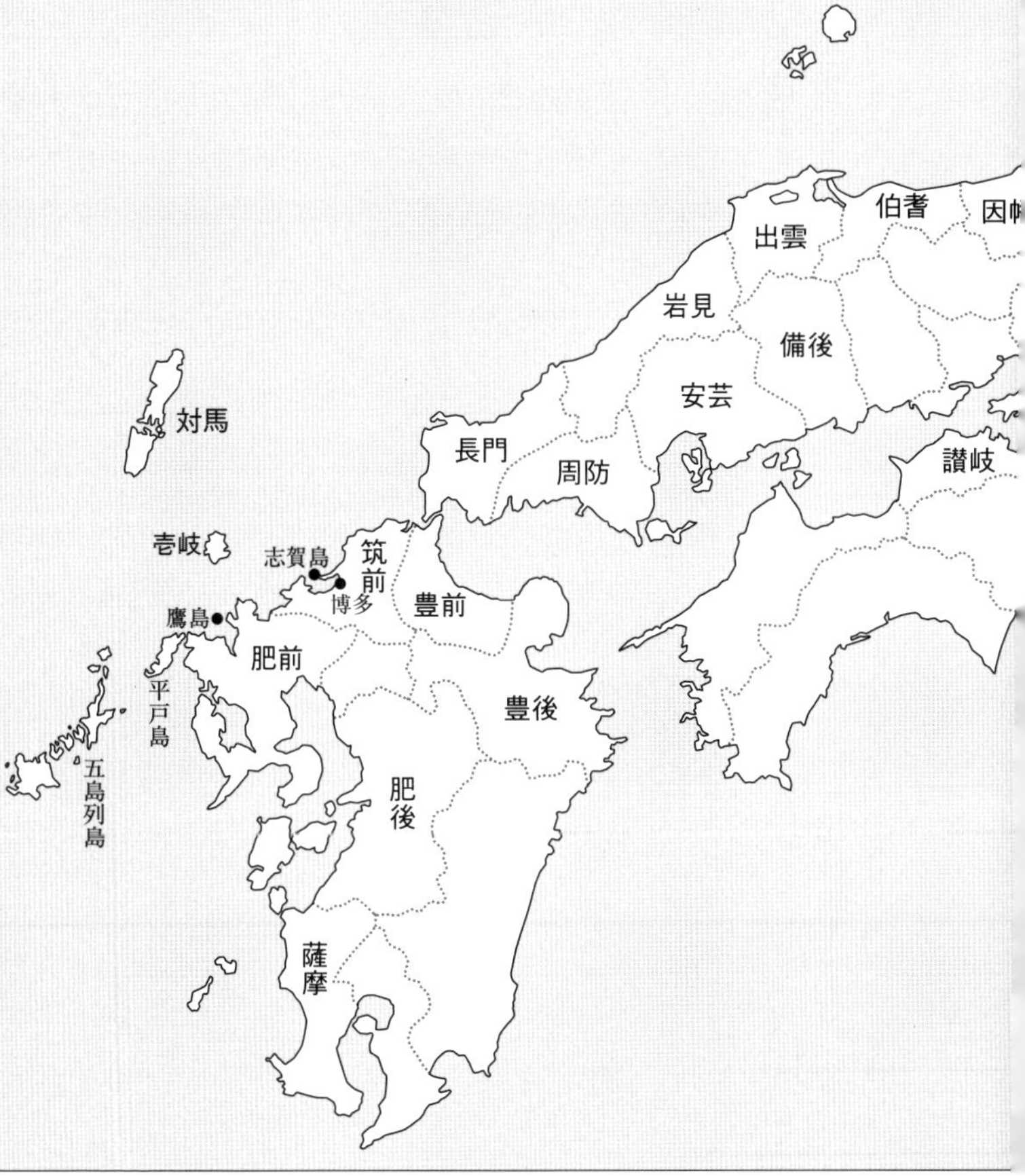

※近年では、地域名や国名として「モンゴル」と表記するのが一般的ですが、本書では「蒙古襲来」などの歴史的名辞との関連もあり、また、初版刊行当時の著者の意向を尊重して、地域名や国名も「蒙古」の表記を主にします。建築物や景観などの写真はできるだけ最新のものに差し替えました。なお、「提供」のクレジットのない景観写真は清水書院編集部による撮影です。

I

『立正安国論』とその前後

日蓮は時代に生きる

❖生い立ち

日蓮は承久の乱の翌年、一二二二年（貞応《じょうおう》元）、太平洋の波であらわれる房総半島の南端、安房国《あわのくに》（千葉県）長狭《ながさ》郡東条郷《ごうりとうじょうのごう》に生まれた。鎌倉新仏教の祖師（宗派の開祖）たちのなかではただ一人の東国出身者である。千葉県鴨川市《かもがわし》小湊《こみなと》には日蓮の出生にちなんで建てられた誕生寺《たんじょうじ》があり、参詣者でにぎわっている。

その出身については日蓮みずから、「賤民《せんみん》が子」、「旃陀羅《せんだら》が子」、「片海《かたうみ》の海人《あま》が子」、「民が子」といっているが、これらは一般社会から離れた立場から、『法華経』の救済力の広さ・偉大さの観念を背景としながら述べている表現であって、その出身を具体的に述べたものではない。日蓮の出身についていろいろな説はあるが、荘園（庄園）の荘官クラスの出身で、出生地が沿海地域であるところからみて、漁業にかかわった家柄ではなかったかと思われる。

日蓮が近くの清澄寺《せいちょうじ》に登って勉学していることや、父母が恩をうけていた「領家《りょうけ》の尼《あま》」の

誕生寺（千葉県鴨川市小湊）

ために、地頭と抗争をしていることなどは、荘官クラスの出身である証拠としてすでにあげられている。日蓮は後年、信徒からのほどこしものにたいして、教導をこめて、いちいちていねいで感激的な返事を出しているが、その返事から宗教性を除くと、荘官の年貢受取状がおもいおこされることをつけ加えておこう。日蓮の出身地は、源頼朝が伊勢外宮《いせげくう》に寄進した御厨《みくりや》のうちであった。日蓮は東条御厨の出身であることを誇りとしており、日蓮が強い神の信仰をもつおもな原因になっている。

日蓮が東条片海の辺を遊び場所にしていたころ、大陸では、蒙古および周辺の諸部族を征服統合したチンギス汗《かん》（一一六七〜一二二七）が、金の征討のあと、西域を遠征していた。一二二七年、西夏を討滅したチンギス汗は、つづいて金を攻撃し征戦の途上で死去した。日蓮が七歳のときである。チンギス汗の死後、二年間の空位を経て、一二二九年、その第三子オゴタイ（太宗）が汗位をついだ。

❖修学の旅

日蓮は一一歳のとき、小湊の北約八キロのところにある天台宗寺院の清澄寺に登った。知的欲求が強く、父母にある程度の資力もあったのでいわゆる寺子《てらこ》として登山し、初等教育をうけたのであろう。義城房《ぎじょうぼう》・浄顕房《じょうけんぼう》などを師として学んだ。宗教的環境で学ぶのであるから、宗教的な方面の学習が多かったろう。日蓮はもともと、船板一枚下は地獄の漁師たちを送迎する環境にそだって、人の世のはかなさを感じていたと思われる。また、人生の意義について深く考える多感な時代を宗教的環境で学んだのであるから、次第に宗教的志向を強くしていったのは当然である。そして日蓮は何よりも宗教的天分にめぐまれていた。宗教的天分というのは、世俗のはからい――俗世間のいとなみ――を普遍的・絶対的な世界からみなおす内的な能力のことである。一六歳で僧侶になり道善房《どうぜんぼう》を師とした。日蓮は後年になると、承久の乱で公家方《くげがた》がなぜ敗れたのか、ということが疑問で出家したとつけ加えるようになる。

清澄寺は海抜三八〇メートルの頂上にあり、寺域は広い。典型的な山林仏教の道場である。清澄寺は天台宗の寺院であるから、日蓮の『法華経』との出会いは最初からのものであった。ただそれは、長年にわたる研鑽《けんさん》と遍歴《へんれき》を経て、はじめて『法華経』至上主義に徹底化されるの

清澄寺（千葉県鴨川市清澄〔アフロ写真提供〕）

である。当時の清澄寺は浄土教《じょうどきょう》的色彩がつよく、日蓮は仏教修学の当初、熱心に浄土教を学んだ。浄土教の教義と信仰を深くつきつめていくなかで浄土教に疑惑をもつようになり、ついには徹底的な浄土教批判者となり、『法華経』至上主義者となっていく。清澄寺は安房国第一の寺院ではあるが、修学を深めていくにつれて、「遠国なるうへ、寺とは名《なづ》けて候へども、修学の人なし」（『本尊問答抄』）という実情にものたりなくなり、「十二・十六の年より三十二に至るまで二十余年が間、鎌倉・京・叡山《えいざん》・園城寺《おんじょうじ》・高野《こうや》・天王寺等の国々寺々あらあら習ひ回り候《そうろう》」（『妙法比丘尼御返《みょうほうびくにごへん》事《じ》』）という修学の旅に立った。東国文化の中心地である鎌倉でしばらく学び、つづいて京都方面に足をのばし、比叡山《ひえいざん》で学ぶことが長かった。

しかし日蓮は、人格的にも学問的にも自分を賭けることのできるような師には出会わなかったようである。

日蓮の遺文のなかに、日蓮の人師についてのべた箇所を見出すことはできない。日蓮はどちらかといえば独学タイプであったと思われる。また京都方面のものは東国のものを文化的にきわめて低くみる風潮があり、言語・風俗・習慣を異にする日蓮が、叡山での留学を開かれたものにするには、いろいろな面で、困難をしのばねばならなかったろう。

日蓮は叡山でひたすら経典とその注釈書を読んだ。日蓮の研学の態度は、おのずから仏教理論（教相）の究明に中心をおく文献実証主義の方向をとった。長年にわたる研鑽と遍歴であった。そのすえようやく『涅槃経《ねはんぎょう》』にいう「法《ほう》に依《よ》りて人に依らざれ」の文と、『無量義経《むりょうぎきょう》』にいう、『法華経』以前に仏は真実を説いていない――「未顕真実《みけんしんじつ》」――とを重ね合わせることができ、『法華経』至上主義の方向を、みずから選択し決定した。それは叡山仏教の創始者である最澄《さいちょう》（七六七～八二二）、さらにさかのぼっては中国での天台宗の大成者天台大師智顗《ちぎ》、究極には釈尊《しゃくそん》の再発見であった。いってみれば、天台宗僧侶――仏教者としての原点復帰である。こうして日蓮は、長年にわたる研鑽と遍歴のはてに法華信仰を把握し、安房の清澄寺にもどっていった。一二五二年（建長四）三一歳のころのことである。

日蓮が清澄寺に登り、鎌倉・京都方面の諸寺諸山に遊学していたころの大陸の状況をながめておこう。オゴタイ（太宗《たいそう》）はチンギス汗のあとをうけて汗位についたあと、一二三四年、宋と連盟して金を討った。日蓮ときに一三歳、清澄寺で修学中であった。ついでオゴタイはヨーロッパへの遠征をくわだてた。蒙古軍はバツーを主将として、ロシアの大部分を征服し、ポーランドにはいり、ドイツ諸侯《しょこう》の連合軍をワールスタットで撃破し、ハンガリー、オーストリア、ボスニアに侵入したバツーはボルガ河畔《かはん》のサライを根拠地にして、キプチャック汗国を建てた。オゴタイの死後、汗位継承をめぐって争いがあったが、クユク（定宗《ていそう》）が立ち、そのあとまた争いがあり、マング（憲宗《けんそう》）が汗位についた。一二五一年（建長《けんちょう》三）、日蓮が清澄寺に帰る前の年である。

❖清澄から鎌倉へ

遊学をおえ清澄寺に帰った日蓮は、師の道善房の持仏堂《じぶつどう》の南面で、浄円坊《じょうえんぼう》や少数の大衆《だいしゅ》にたいして法華信仰を明らかにした。法華信仰の表明は、とりもなおさず浄土教の批判を意味する。その内容についてはあとでのべよう。清澄寺の浄土教は天台系のそれで、法華と念仏を兼修するものであった。浄土教的色彩が濃厚であるとはいえ、清澄寺は天台系の寺院である。そこで最澄への復帰が論証的・説得的に主張されたのである。共鳴者が出てこなければ、むしろおかしい。

日蓮のかつての師である義城坊や浄顕房らはいちはやく日蓮の主張に賛成し、日蓮の主張を支えるものは次第にその範囲を広くしていった。もちろん浄土信仰を堅持して日蓮の主張を否定するものも多かった。日蓮の専持法華《せんじほっけ》の主張をめぐる賛否両論は、清澄寺の主導権をめぐる争いと関係したのではないかとみられるふしがある。中世の大規模な寺院によくみられることである。東条郷の地頭東条景信《かげのぶ》（生没年不詳）も念仏者として、清澄寺内の浄土信仰を堅持するものたちといっしょになり、日蓮の迫害に乗り出した。

東条景信は、日蓮の父母が重恩をうけた領家の尼の荘園で暴力的な非法をおこない、自己の支配を強化していた。清澄寺や、日蓮の共鳴者も出ていたと思われる近くの二間寺《ふたまてら》は領家の尼の荘園のうちに含まれていたらしい。景信の背景には北条氏の嫡流《ちゃくりゅう》（得宗《とくそう》）につぐ勢力をもった極楽寺《ごくらくじ》系の北条重時《しげとき》（泰時の弟）がいたようである。景信は、あるいは重時の被官ではなかったかと思われる。世俗的にも宗教的にも日蓮と景信との対決は避けられなかった。領家の尼――日蓮と景信との対決は裁判闘争となった。日蓮はその荘官的能力を十分に発揮して勝訴した。しかし逆に清澄寺における日蓮の立場は苦しいものになり、師の道善房から勘当《かんどう》され、ついに同寺を退かねばならなくなった。その時期は一二五四年（建長六）の冬であろうといわれている。こうして日蓮は鎌倉へ出た。日蓮ときに三二歳である。

❖国土の乱れ

一二五六年（建長八）一〇月、康元《こうげん》と改元されたが、それからあと六年のあいだに、正嘉《しょうか》、正元《しょうげん》、文応《ぶんおう》、弘長《こうちょう》と五度も改元されている。これは相次ぐ天災地変・飢饉《ききん》・疫病《えきびょう》などをしずめようとの願望から出たものであった。いわゆる災異《さいい》改元である。日蓮遺文にはこれらのうちつづく惨状がたびたび記述されており、鎌倉幕府の編纂《へんさん》記録である『吾妻鏡《あずまかがみ》』と符合する。

一二五九年（正元元）の『守護国家論』に、正嘉元年に天地大いに震《ふる》い、同二年に春の大雨に苗を失い、夏の大旱魃《かんばつ》に草木を枯らし、秋の大風に果実を失い、たちまちに飢饉がおこって人民は逃げうせた、とあり、翌二年二月の『災難対治抄』には、建長八年から正元二年二月に至るまで、大地震、非時の大風、大飢饉、大疫病など、種々の災難がつぎつぎにおこって今に絶えず、この国土から人間がいなくなったのも同然である、とのべている。正元二年（一二六〇）は四月に文応元年と改元され、日蓮が同年七月にあらわした『立正安国論《りっしょうあんこくろん》』では、その冒頭に、

> 近年より近日に至るまで、天変地夭《ちよう》・飢饉疫癘《えきれい》、遍《あま》ねく天下に満ち、広く地上に迸《はびこ》る、牛馬巷《ちまた》に斃《たお》れ、骸骨路《がいこつみち》に充《み》てり。死を招くの輩《ともがら》、すでに大半に超《こ》え、之《これ》を悲しまざるの族《やから》、敢《あえ》て一人もなし

とのべて痛嘆《つうたん》している。これは、日蓮遺文のなかでももっとも有名な箇所である。一二六八年（文永《ぶんえい》五）、蒙古の国書が到来したとき、幕府に『安国論』の採用を迫った『安国論御勘由来《あんこくろんごかんゆらい》』の冒頭にも、年代順に災害の状況を具体的に記している。そのなかで正喜元年（一二五七）八月二三日の大地震は前代にみない大地震だといっているが、『吾妻鏡』ではその状況をかなり具体的に伝えている。大地震で音響があり、神社・仏閣はひとつとして完全なものはない。山岳はくずれ、家屋は顚倒《てんとう》した。土塀《どべい》はみな破損してしまった。所々に大地が裂け、水がわき出ている。中の下馬橋辺の地は裂け破れ、そのなかから青い色の火炎が燃え出ている、と、このような記述である。壮麗《そうれい》な神社・仏閣でさえまともな形で残ったものはないといわれる大地震には、一般の民家などひとたまりもなく倒壊しただろう。

八月二三日の大地震は九月上旬に至るまでたえず余震をくりかえした。正嘉二年（一二五八）夏の旱魃《かんばつ》、秋の暴風雨で全国的な大飢饉におそわれた。このような天災地変・大飢饉は、無防疫の状況に大疫病の猛威をふるわせることになった。痘瘡《とうそう》、赤斑瘡《せきはんそう》（あかもがき・麻疹《ましん》のこと）、咳病《がいびょう》（百日咳《ひゃくにちぜき》・流行性感冒）など、その代表的なものであった。一二六〇年（文応元）六月、幕府は疫病対策のため、諸国の守護に命じ、管国内の寺社に祈禱《きとう》をさせているが、親鸞（一一七三〜一二六二）は、同年一一月一三日に乗信房《じょうしんぼう》にあてた手紙のなかで「なによりも、こぞ、ことし、老少男女おほくのひとびとのし（死）にあいて候らんことこそ、あはれにさふらへ」(『末燈抄《まっとうしょう》』)と、この年、疫病でおびただしい死者が出たことを嘆いている。

日蓮が、相次ぐ天災地変・飢饉・疫病の惨状を、正確に、かつなまなましく伝えているのは、日蓮自身、その災害のまっただなかにいたからである。鎌倉にいた日蓮は他の住民とともに、地震を避け、疫病をおそれ、飢饉の苦しみを味わったのである。その惨状は、さながらに『地獄草紙《じごくぞうし》』『餓鬼草紙《がき》』のたぐいをみる思いであっただろう。地獄絵のようななかを人買いが跳梁《ちょうりょう》し、国々には悪党が蜂起《ほうき》して、夜討《やうち》・強盗・山賊・海賊等の行為が、毎日のようにくりかえされた。

天災地変・飢饉・疫病等に対する対策として、幕府は諸国に祈禱を命じたが、日蓮の言によれば、一分の効験《こうけん》もなく、かえって飢疫《きえき》などを増長するありさまであった。日蓮は、とくにこの惨害を通じて「民衆の歎き」を民衆と共有共感し、その実態を体験した。無数の損壊。あまりにも多くの死。あるいは日ごとの流亡、沈落。世の平安をもたらすべきはずの祈禱の無力。それらの一つ一つを通じて政治を考え、社会を考え、最高の規範としての仏教のありようについて深い思索をかさねた。

日蓮は、深い懐疑のなかに、人々の嘆きを自らの嘆きとする怒りにもえていた。そして、仏教者として、何よりも仏典にこそその解決の道は求められるべきであると思い、一切経《いっさいきょう》(仏教聖典の総称)を読み、諸経論を広くあさった。国土の憂うべき現実の諸問題を、仏教者として、仏教を通じて、つきつめて真剣に解決しようと模索する姿がそこにあった。日蓮のほんとうの宗教活動はこの時期から始まるといってさしつかえない。

ここでこの時期の大陸の動きを簡単にふりかえっておこう。クユク（定宗）のあとをうけたマングの時代にはいると、蒙古はまたもや大々的な征戦を開始した。マングの弟フラグはイラン地方を征服し、一二五八年、バグダッドをおとしいれて廃墟《はいきょ》とし、シリア以東を征服してイル汗国をたてた。マングは最大の強敵である中国の宋朝を攻略するため高麗《こうらい》に出兵し、弟のフビライ（一二一五〜九四）に命じて、チベット・四川《しせん》・雲南《うんなん》の大理国《だいりこく》、ベトナムの交趾《こうち》を攻めさせ、みずからも軍をひきいて四川にはいった。存亡の危機にさらされた宋は、一二五九年、マングが四川の陣所で病没したため危機を脱した。

この年（正元元）、日蓮は三八歳、『守護国家論』を執筆した年である。

論理と事実は重い

❖『守護国家論』の公表

天災地変・飢饉・疫病など、国土の乱れは何によるのか。日蓮はその根源をつきとめるため、仏教の書物はいうまでもなく、仏教以外の書物にも広く目をとおした。こうして一二五九年（正元元）に『守護国家論』を書き、翌年二月に『災難興起由来《さいなんこうきゆらい》』『災難対治抄』、改元された同じ年の一二六〇年（文応元）七月に『立正安国論』を書いた。これら一連の書は、天災地変や社会の不安がどこからおこるのかを、いちいち経文《きょうもん》にてらしながら例をあげて説明し、正しい仏教とそれにもとづく正しい政治がおこなわれないかぎり、社会・国家の平安は実現しないことを説いたものである。だから問題の根本は邪法《じゃほう》を退け正法《しょうぼう》に帰一させるという点にしぼられる。日蓮のいう正法とは『法華経《ほけきょう》』であり、邪法とはこの段階ではとくに法然《ほうねん》（一一三三～一二一二）の念仏《ねんぶつ》であった。

『守護国家論』は法然の念仏に対する理論的対決の書として書かれたものである。

定本遺文		真蹟現存	全篇現存	一部現存
正篇	438	195	142	53
（首尾完全	376）	（144）	（96）	（48）
（不完全	62）	（51）	（46）	（5）
続篇	55	0	0	0
図録	30	17	17	0
（首尾完全	25）	（12）	（12）	0
（不完全	5）	（5）	（5）	0
断簡	257	237	237	0
計	780	449	396	53

日蓮遺文の残存状況　『昭和定本日蓮聖人遺文』に収録されている780点の遺文を分類したもの。（山中喜八「日蓮聖人の遺文と真蹟」〔『田山方南先生華甲記念論文集』125ページ〕による）

『国家論』は翌年幕府に提出された『立正安国論』の下書《したがき》だといわれているが、構成はきわめて論理的で完備しており、人世観・世界観・浄土観などが豊かな思想性に裏づけられて論じられていて、それ自体として完結した論書である。法然の教えが仮名《かな》文書という平易な媒介《ばいかい》手段を通じて広く世間に流布《るふ》しているのに対応して、本論を世に広めようとした意図が明らかである。幕府へ提出した『安国論』とは、述作の意図がおのずから異なっている。いわゆる日蓮教理の達成の度合いからいえば未成熟な面もあるが、それだけに初期日蓮の思想をうかがうには、いちばんよい論書である。真蹟《しんせき》は一八七五年（明治八）の身延山《みのぶさん》の大火で焼失した。

『国家論』は最初に序文をおき、以下七章にわけ、章はさらにいくつかの節にわけて論述されている。論文としての形式をととのえたもので、現存遺文のなかではいちばん形式がととのっている。

『国家論』の内容は、こうである。（一）仏教に、かりの教え

（権教《ごんきょう》）と真実の教えとがあり、『法華経』以外はすべて権教＝権経である。（二）『法華経』こそ末法《まっぽう》の世にもっともふさわしい教えである。（三）法然の主著『選択本願念仏集《せんちゃくほんがんねんぶつしゅう》』は、中国・日本の浄土教諸師が立てている教えを変え、法華・真言等を時代や人々の能力に合わないものとして誹謗《ひぼう》したものである。（四）そのような謗法《ほうぼう》（正しい仏法を非難し攻撃すること）はなくせ、との経文がある。（五）宗教的指導者（善知識《ぜんちしき》）と真実の法には値《あ》いがたいものである。（六）『法華経』の題目《だいもく》だけを唱《とな》えれば、地獄・餓鬼・畜生《ちくしょう》の三悪道におちることをまぬがれる。最後に、問答を設けて、以上の所論を補っている。

『国家論』で展開されている法然批判をまとめてみると次のようになろう。

（一）法然は仏教を類別して(1)聖道《しょうどう》・難行《なんぎょう》・雑行《ぞうぎょう》と、(2)浄土・易行・正行《いぎょうしょうぎょう》の二つにわけた。前者は華厳阿含《けごんあごん》・方等《ほうどう》・般若《はんにゃ》・法華《ほっけ》・涅槃《ねはん》・大日経などであり、後者は浄土の三部経の称名《しょうみょう》念仏で、法然によれば、これこそ今の世にもっともふさわしい教えである。法然がなぜこのような類別をし、後者をその本領としたかといえば、前者の教えは時機不相応（時代や人々の能力に合わないこと）であるという点にあった。つまり、行の難易によって宗教的な価値序列をつけたものである。これにたいして日蓮は、やはり、仏教の選択は旧仏教の伝統のとおり教理の浅深によらなければならないと批判した。そのうえで『法華経』信仰の易行性を説くのである。

（二）さきの聖・難・雑・浄・正・易という仏教の類別は竜樹《りゅうじゅ》・曇鸞《どんらん》・道綽《どうしゃく》・善導《ぜんどう》・源信《げんしん》など、インド・中国・日本の諸師が立てたものであるが、これは法華・真言を除く経教に適用されたものであった。それを法然は、これら諸師の用語をかってに変えて法華・真言をも難行・雑行としてきりすててしまった。『選択集』に説く専修念仏《せんじゅねんぶつ》は法然の私見にすぎない。日蓮はこれを『選択集』の末文の言葉を簡略化して「捨閉閣抛《しゃへいかくほう》」という造語で表現し、以後法然を批判するばあいの常套語《じょうとうご》としている。

（三）法然の専修念仏は、厭離穢土《おんりえど》・欣求浄土《ごんぐじょうど》と此《こ》の土をすてて他の浄土を願うため、社会は現実軽視の風潮を強めている。『法華経』の本文に説いているように、現に住んでいるその所をこそ浄土と思うべきであって、わずらわしく他所に浄土を求める必要はない。『法華経』を信ずる人の住んでいる所はすなわち浄土である。

❖教えの浅深によれ

『国家論』で展開されている念仏批判は、右にのべたように、法然に焦点があわされている。日蓮の信仰達成の経路からいえば、『国家論』はこれまでの法然批判のいちおうの集成であるから、このことは当然である。だから本論では、日本浄土教の展開にきわめて重要な地位を占める恵心僧都《えしんそうず》源信（九四二～一〇一七）についても、なにも批判を加えていない。源信が『往《おう》生要集《じょうようしゅう》』を書いた目的について、末代の愚かな資質のものたちを『法華経』にはいりやすいようにするために、まず浄土信仰を説き明かしたのだとしている。つまり、源信の本意は『法華経』にあった、と理解しているのである。だから、源信は『往生要集』のあとに、法華信仰を説いた『一乗要決《いちじょうようけつ》』を述作したのだ、という。これが後年になると、その源信もきびしく批判するようになり、慈覚《じかく》・安然《あんねん》とともに、『法華経』・伝教大師《でんぎょうだいし》最澄、すなわち正統法華信仰における、獅子身中《しししんちゅう》の三虫の一つであるときめつけている。また、既成教団が法然の専修念仏の批判をおこなうときに強く主張されている、神祇《じんぎ》不拝（神祇信仰の否定）の問題が、日蓮のばあい、ふれられていないということが、高木豊によってすでに指摘されている。『国家論』でも、もちろんそうである。

『国家論』は日蓮の思想・信仰の解明にいろいろな問題を提供するが、今はくわしく立ち入る余裕がない。形式や内容で注目すべき点を若干述べるにとどめたい。

「まず問うて云く、答えて云く」という問答の形式になっていることが注目される。日蓮遺文においては、この形式は本論で完成されたものである。もちろん寺院——日蓮のばあいはとくに叡山《えいざん》であろう——でおこなわれている教義問答、いわゆる論義の系統をひくもので、平安期にはすでにおこなわれていた論述形式である。中国でおこなわれた「論」の形式の影響があることも見のがせない。日蓮は本論のあと、有名な『安国論』や手紙のなかでもこの形式をとっている。問題の核心を明らかにし、それに迫っていく方法として一種の漸層法《ぜんそうほう》をとっており、読む者をして明瞭な認識を得させる有効な論述形式である。

法然の専修念仏にたいしては、すでに法然の在世時に既成仏教教団から激しい批判が向けられ、批判の書が書かれていた。日蓮が本論の序文にあげているように三井園城寺《みいおんじょうじ》の長吏公胤《ちょうりこういん》の『浄土決義鈔』（現存しない）、並榎竪者定照《なみえのりっしゃじょうしょう》の『弾選択《だんせんじゃく》』（同上）、栂尾《とがのお》の明恵《みょうえ》の『摧邪輪《さいじゃりん》』などが、それである。

日蓮によれば、これらの著者は徳の高いことで名を知られた高僧であるが、かならずしもまだ『選択集』が正しい仏法を非難し攻撃しているものであるかという根本の理由（謗法《ほうぼう》の根源）をついていないため、かえって『選択集』を流布《るふ》させる結果になった。だから本論を述作するのはそのためである、という。すなわち日蓮の法然批判は、既成仏教教団の法然批判の伝統に立ち、その批判の徹底化をはかったものである。そのため、釈尊の経教のなかでどれが真実の教えであるかということを比較検討し、『法華経』こそもっともすぐれたものであるということを、こまかく論証している。

このような論証のしかたを仏教では教相判釈《きょうそうはんじゃく》といい、いわば仏教の実践面にたいする理論面である。日蓮はこの論証方法を得意としていた。この理論的な批判方法と深く結び合う『国家論』の特色のなかの一つに、経巻知識論がある。人師《じんし》（先生）をもって善知識《ぜんちしき》（宗教的指導者）

とするのは世の常であるが、末代においては真の善知識はいないから、経巻をもって善知識とすべきだ、という主張である。『涅槃経《ねはんぎょう》』にいう「法に依りて人に依らざれ」の教えにささえられた主張である。日蓮のこの理論的ないき方については、一二七一年（文永八）の法難《ほうなん》のころに、他からあからさまな批判がよせられている。日蓮は同法難の実体験を媒介にしてその批判を克服し、配流地の佐渡で、その信仰体系をととのえる。

❖守護の善神は日本を捨てた

法然はいう。

なんのとりえもない末世の人々を常没《じょうぼつ》の凡夫《ぼんぷ》（苦しい現実に沈みっぱなしの人間）と規定し、その資質に適合するような、いちばんおこないやすい仏法（易行の法）をえらぶばあい、弥陀《みだ》の名号をとなえる称名念仏《しょうみょうねんぶつ》こそが、いちばんそれにふさわしい。それは易行の法であるから、諸教にすぐれているのだ。

これにたいして日蓮は、法華信仰こそもっともすぐれているのだということを、次のようにいう。

『法華経』を信ずるものは、たとい臨終のとき心に仏を念じ、口に経文を唱え、道場にはいる用意がなくても、おのずから法界を照らし、声に出さなくてもおのずから一切経を読んだことになり、経巻がなくてもおのずから『法華経』八巻をにぎる功徳《くどく》がある。これは、かりの教え（権教）の念仏者が死ぬときに乱れないような信仰、すなわち臨終正念《りんじゅうしょうねん》を期し、十念（十声《とこえ》）の念仏を称えるようと志すのにくらべると、百千倍もすぐれている易行ではないか。

つまり、法然が称名念仏こそ末代の人々にはふさわしい易行であるというのにたいして、日蓮は専持法華こそいちばんすぐれた易行であると説く。

それは具体的には南無妙法蓮華経《なむみょうほうれんげきょう》と『法華経』の題目を唱えることの功徳を強調する、唱題論になる。唱題論はこのあと『法華題目抄』から『観心本尊抄《かんじんほんぞんしょう》』へと深化・結実していく。日蓮の法然批判が単に理論的な批判にとどまらず、法然の専修念仏と対決しながら独自の宗教を確立していったのは、この唱題論の深化によるものである。

『国家論』で注目すべき所論の一つに善神捨国論《ぜんしんしゃこくろん》がある。これは『金光明経《こんこうみょうきょう》』第六の「また無量《むりょう》の国土を守護する諸天善神があっても、みなことごとく捨て去るであろう。すでに捨て去りおわったら、その国には種々の災禍がおこり、国位を喪失するだろう」という文によるものである。『選択集』が日本に流布して、専修念仏という悪法がさかんになっているため、諸天善神は正しい仏法を聞くことができないため、威光《いこう》勢力がなくなり、四天王とその従者はこの国を捨て、日本守護の善神もこの国を捨て去ってしまい、そのため相次いで災害がおこるのだ。

これが日蓮の善神捨国論である。「神天上《しんてんじょう》の法門」ともいわれる。

　これは、蒙古国書到来ののちとくに強くあらわれてくる「釈尊御領観」（後述）と相関関係にある。それは、万有の根源的所有権は釈尊にあり、日本は守護の善神が保護・所有している、ということで、邪法が日本にはびこり、神として生きる糧《かて》である正しい仏法を聞くことができなくなったため、守護の善神はこの国を去って昇天する、というのである。しかしまだ、釈尊御領観は強調されていない。だが、善神捨国論の強調によって釈尊御領観はすでに日蓮の国土観上の強調符となる必然性をもっていた。ちなみに、神天上の法門は、日本における神送り、神迎えの民俗とかかわるものであり、日蓮の霊山浄《りょうぜんじょう》土《ど》観《かん》もこの民俗を無視しえないという見方がある（相葉伸『日蓮――折伏《しゃくぶく》主義――』）。

　日蓮は『法華経』とともに『涅槃経』を深くあがめうやまっているが、『国家論』における同経の取り扱いで注目すべきことがある。本論の第六で法華・涅槃による修行者の心の用意をあかし、『涅槃経』は『法華経』の帰結部分となっていることを説いているが、そのことよりも、第四に述べている、正法を非難する者（謗法者《ほうぼうじゃ》）をなくすべき経文の典拠として同経をあげている点のほうが、いっそう注目される。すなわち、正法を護る者は刀剣《とうけん》器《き》杖《じょう》を執持《しつじ》すべし（武器をとれ）という文によって、『法華経』守護のためには武装を肯定する立場を、はっきりうち出しているのである。この信念にもとづく日蓮とその信奉者の行動が、謗法と鋭く対置して、悪口・刃傷等の罪で処罰されることになり、伊豆《いず》配流《はいる》・佐渡《さど》配流という権力による迫害・弾圧、日蓮のいわゆる「王難」がひきおこされる。

内乱と外寇の予言

❖『立正安国論』の上申

『守護国家論』を書いたあと、日蓮は、さらに災害がおこる原因について思索を深めていった。『法華経』そのものにはその原因を語るような箇所はない。それを説明する経典は、古代から国家を守るための経典としてうやまわれてきた『金光明最勝王経《こんこうみょうさいしょうおうきょう》』・『仁王般若経《にんのうはんにゃきょう》』・『薬《やく》師経《しきょう》』や『大集経《だいじっきょう》』である。これらの経典によりながら災害がおこる原因についての考えを深めていったのである。『守護国家論』では『金光明経』によって善神捨国の考えについての基礎を固めたことは前に述べておいた。『災難興起由来』『災難対治抄』で『仁王般若経』『大集経』が利用され、善神捨国論はいちだんと強調され、『立正安国論』で説くような災難についての考察（後述）も深まっている。こうして日蓮は一二六〇年（文応元）に『立正安国論』をあらわし、得宗被官《とくそうひかん》（北条氏嫡流の家司）宿屋入道最信《やどやにゅうどうさいしん》（生没年不詳）を通じて北条時頼に上書した。ときに日蓮は三九歳である。

北条時頼像（鎌倉市：明月院蔵）

北条時頼は、一二五六年（康元元）に執権《しっけん》（幕府政治の最高推進者）を北条長時《ながとき》とかわっていた。一二六〇年（文応元）当時、執権は長時、連署《れんしょ》（執権の補佐役）は北条政《まさ》村《むら》である。このころの政治の実権は、執権とか連署とかの職とは別に、北条氏の家督にあるものが握っていた。義時の法号にちなんで、北条氏の家督のことを得宗といい、そのような政治の形態を得宗政治とよんでいる。政治は評定などの公の場ではなく、実際には得宗の私邸で、つまり私的に決定されていた。

日蓮が『安国論』を得宗被官の手を経て得宗時頼に上書したのは、このような政治状況であったからである。『安国論』は相次ぐ災害の由来とその対策を宗教の立場から勘《かんが》えたものであるから、日蓮が、蒙古からの国書が到来して以来、明確に、かつ、くりかえしていうように、勘文《かんもん》とよんでもさしつかえない性格をもつものであった。その点はまたあとで述べよう。

『安国論』の文体は、中国風にいえば「論」の文体である。主客対論の形式によって、主人が客を論服させるという形をとっている。このような文体を生み出す背景には、寺院における教義問答＝論義があったことについては、『国家論』のところで述べておいた。文章・文体に

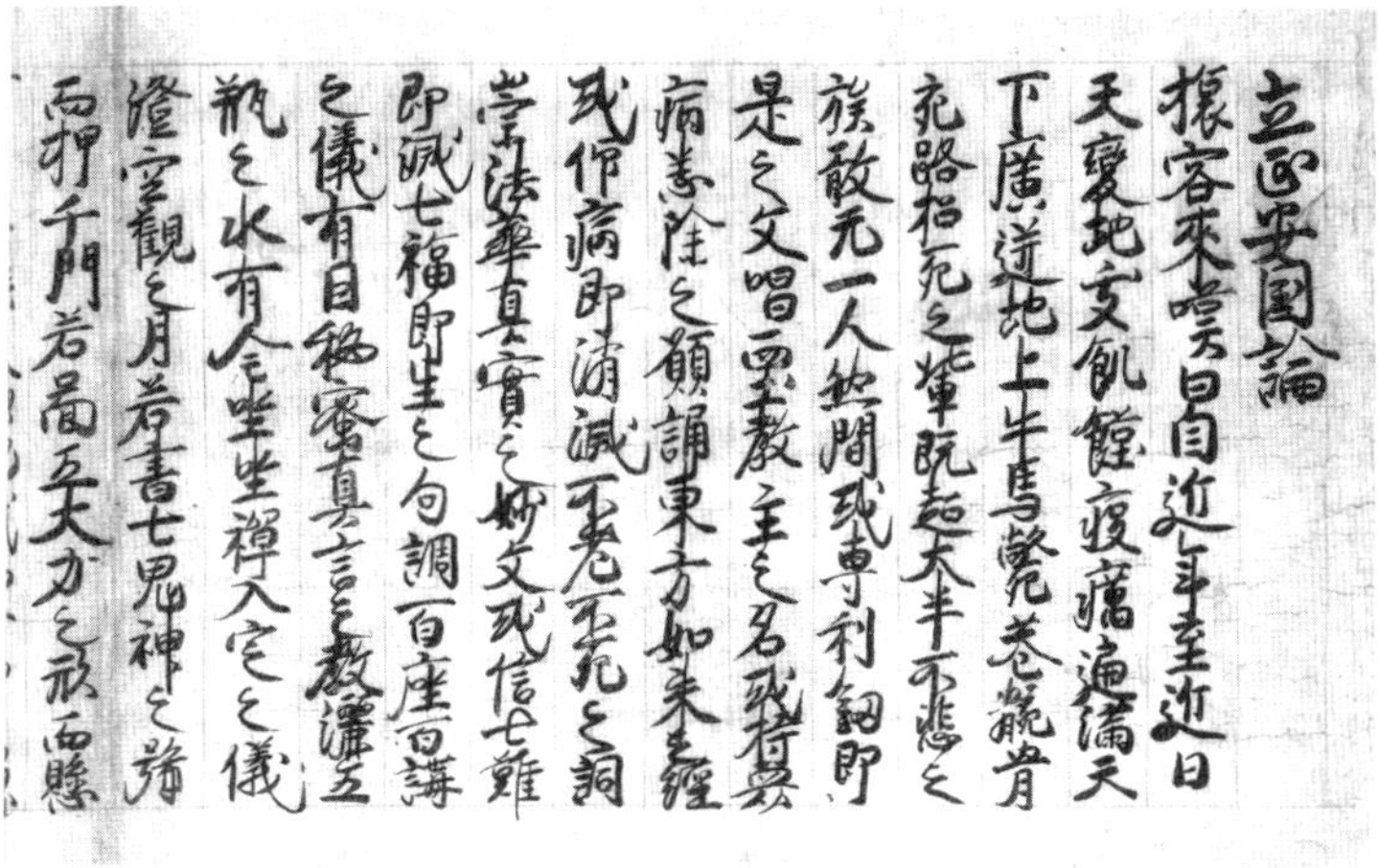
立正安国論
旅客来嘆曰自近年至近日
天変地夭飢饉疫癘遍満天
下廣迸地上牛馬斃巷骸骨
充路招死之輩既超大半不悲之
族敢无一人然間或専利剣即
是之文唱西土教主之名或持衆
病悉除之願誦東方如来之経
或仰病即消滅不老不死之詞
崇法華真実之妙文或信七難
即滅七福即生之句調百座百講
之儀有因秘密真言之教灑五
瓶之水有全坐禅入定之儀
澄空観之月若書七鬼神之号
而押千門若図五大力之形而懸

『立正安国論』(千葉県市川市:中山法華経寺蔵)

は、読ませ、かつ聞かせる工夫がこまかくほどこされている。山川《やまかわ》智応《ちおう》が早く指摘しているように、公の場で読み上げられるときのことを配慮していたのかもしれない。日蓮の名は本書とともにあるように、日蓮の著作のなかではもっとも有名なものである。昔から、佐渡配流中に書かれた『開目抄《かいもくしょう》』『観心本尊抄《かんじんほんぞんしょう》』とともに、三大部といわれ、日蓮の代表的な著作である。

❖他国侵逼難《たこくしんぴつなん》・自界叛逆難《じかいほんぎゃくなん》

『安国論』における主客対論の問答は、全篇一〇段にわたっている。最初に、客の言葉として、先に引いたように当時の災害の状況が述べられている。仏教はさかんで徳政はおこなわれているのに、なぜこのように災害が続出するのか、という問いが出される。これにたいして主人は、このことを心配して胸のうちは怒りでいっぱいであるといい、やむにやまれずして本書を執筆した気持ちをうちあけ、「世はみな正法《しょうぼう》にそむいて、人は悉く《ことごと》悪法に帰している。だから善神は国を捨ててこの国土を去り、聖人もここを去って還《かえ》ってこない。このため魔や鬼がこの国土に来て災難が続出するのだ」と述べている。さきに述べた善神捨国論である。

その根源になる悪法とは、日蓮にあってはいうまでもなく法然の専修念仏であった。法然が曇鸞《どんらん》・道綽《どうしゃく》・善導《ぜんどう》のまちがった解釈を引いて法華・真言等の聖道門《しょうどうもん》を捨て、閉じ、閣《さしお》き、抛《なげう》った。こうして世はあげて、浄土三部のほかに経はなく、弥陀三尊のほかに仏はないと思うようになった。既成教団とくに比叡山に寄せられていた所領は、阿弥陀堂にうばわれるに至った。法然とその門流が聖道門の僧を群賊と称して非難し攻撃するのは、自分たちが信仰の基礎としている浄土三部経そのものに説かれている「唯《ただ》、五逆と正法を誹謗《ひぼう》するを除く」という誓文にそむき、『法華経』譬喩品《ひゆほん》に説かれている、『法華経』を非難し攻撃するものは、命が終わったとき地獄におちる、ということを知らないのだ。このように法然の選択は根本的に仏教の教理――正法をたがえているにもかかわらず、正法の経済的基盤をゆさぶっているから、守護の善神はこの国を去るのだ。いろいろな祈禱を試みるよりは、この一凶を禁じたがよい。

そのために早くから延暦寺《えんりゃくじ》・興福寺《こうふくじ》の訴えで専修念仏を停止せよとの勅宣《ちょくせん》・御教書《みぎょうしょ》が下され、法然の墓はこわされ、その門弟は流罪《るざい》にされている。『涅槃経《ねはんぎょう》』には、正法を護るために武器をもって悪法を信奉する者と戦う者の姿が説かれている。断固として、正法を非難し攻撃する悪法（謗法《ほうぼう》）を禁ずることが仏教を信奉する者のつとめである。念仏の寺や念仏の僧尼にたいする布施《ふせ》（経済的援助）を絶って謗法の帰依《きえ》をやめさせ、釈尊が説いた教えの浅さや深さを比較研究してほんとうに帰依すべき正法を確立し、これをあがめるべきである。

謗法を禁じないと、『薬師経』にいう他国侵逼難・自界叛逆難、つまり他国からの侵略と内乱、『大集経』にいう兵革《へいかく》の災（兵乱）、『金光明経』・『仁王経』にいう侵略の難がおこるであろう。今までの信仰（専修念仏）を改めて『法華経』に帰依すれば、われわれの住むこの世界は仏国となり宝土となろう。仏国が衰退するということはなく、宝土が壊《やぶ》れるということはまったくない。そうであれば身は安全であり、心は平静であろう。──以上が本論のあらましである。

❖仏法と国家

『安国論』のいちばん重要な点は、なによりも信仰のあり方を根本にすえていることである。災害の続出をとどめて平安な国土──理想的な社会を実現するには、『法華経』への帰入以外に方法はないというのである。当時の宗教状況でいえば、その『法華経』至上主義の確立は、まず専修念仏の批判と克服を意味していた。本書については、よくいわれるように、日蓮が国家主義的傾向をもっていた証拠として利用されてきた。たとえば第七段の客の問いである、所詮《しょせん》、天下泰平・国土安穏《あんのん》は君臣の楽《ねが》う所、土民の思う所なり。夫《そ》れ、国は法に依《よ》って昌《さか》え、法は人間に因《よ》って貴し。国亡び人滅せば、仏を誰か崇《あが》むべく、法を誰か信ずべきや。先《ま》づ国家を祈りて、須《すべから》く仏法を立つべし。

という箇所など、とくにそうである。これは明らかに客の言葉を日蓮の真意であると誤解し、あるいは曲解し、日蓮を国家主義の祭壇にまつりあげる根拠としたものである。書名にしても、安国――国家・社会の平安を先にし、立正――正法の樹立を後にする理解がおこなわれた。正法の樹立を通じて国家・社会の平安が実現する、というのが日蓮の真意であることはいうまでもない。

正法というのは、仏教であればどれでもよいというのではなく、えらびぬかれた教え、『法華経』でなければならない。日蓮が国家・社会の平安を力説するところに、古代的な鎮護《ちんご》国家性をみようとする意見があるが、もとより古代仏教の鎮護国家性と同一ではない。図式化したいい方をすれば、古代のそれは仏教よりも国家が優先した。先の引用文でいえば、まず国家を祈って仏法を立てるのである。日蓮のばあいは、正法による以外、国家・社会の平安はありえないのだ。同じく鎮護国家性を云々《うんぬん》しても、仏教と国家・社会との関係は逆なのである。

『国家論』で日蓮が法然の専修念仏を批判している論証の仕方は、まず、教理・信仰のあやまりをつき、そのあやまりのゆえの災害続出を述べ、専修念仏が悪法として禁止された歴史的事実、および謗法を禁ずべき経文をあげ、謗法を禁じなければ、内乱と外国からの侵略がおこるであろう、という筋はこびをとっている。道理・文証・現証を兼ねそなえた論証方法で、これは日蓮の論証方法の特色である。『守護国家論』で展開された法然批判は、本書で要約してくりかえされているが、ただ、その批判の根源となる「実乗《じつじょう》の一善」つまり『法華経』そのものについての説明は十分になされてはいない。

『安国論』で専修念仏を批判する根拠の一つとして、専修念仏者は、正法を非難し攻撃するものであるから、死んでから地獄におちる、ということを『法華経』譬喩品《ひゆほん》によりながら強調している。当時の堕地獄《だじごく》の恐怖は、今日からは想像もできないほど強烈なものであった。日蓮が念仏批判で展開した堕地獄の強調は、専持法華へのいざないとして、きわめて有効なものであったといわねばならない。なお、『安国論』は天台僧侶としての自覚のもとに書かれたものであることを付記しておく。

日蓮が『安国論』を執筆したその年、大陸では、フビライ（世祖《せいそ》）が汗位をめぐる競争相手のアリクブカを降《くだ》して、全蒙古帝国の大汗となった。世界的征服王朝の日本への接触は、もう間近である。

❖弘長元年・文永八年の法難

これまで述べてきたような日蓮のはげしい念仏批判が、波瀾《はらん》をよびおこさぬはずはない。当時鎌倉の「念仏者の主領」といわれた新善光寺の道阿道教《どうあどうきょう》・長安寺の能安《のうあん》らと日蓮との間に法論がおこなわれた。日蓮のいうところによれば、一言二言で論破したという。その後日蓮にたいする念仏者の迫害は強まり、昼夜にわたって日蓮の草庵をおそい、あるいは武器をもって襲撃をくわえ、さらに日蓮のことを謗法・邪見《じゃけん》・悪口《あっこう》・犯禁《はんきん》のものと貴人に讒訴《ざんそ》したという。こうして日蓮は、一二六一年（弘長元）五月一二日、逮捕され、ついで伊豆《いず》（静岡県）に流された。ときに四〇歳である。

伊豆配流《はいる》は公権力による最初の弾圧＝王難であった。この迫害・弾圧を加えたものについて、日蓮は、伊豆配流の翌年に書いた『論談敵対御書』では、念仏者らが無知の僧侶・俗人を語らい、あるいは国々の地頭らに請《こ》い、あるいは権力のある人間を背景にしながらおこしたものだといっている。後年になるとその内容をさらに詳しくいうようになる。それによると、念仏者らは、その信徒たち――多くの所領をもつ武士・富裕なものたち――や、鎌倉の住人らを語らい、さるべき人々＝きりもの（権力者）を動かして迫害・弾圧の挙に出た、といっている。また、一二七八年（弘安《こうあん》元）の『妙法比丘尼御返事《みょうほうびくにごへんじ》』では、北条長時が父重時《しげとき》の心を知って理不《りふ》尽《じん》に伊豆国へ流したといっている。きりものというのは、究極には北条重時だということになる。これが日蓮の推量なのか、事実なのかはわからない。しかし、ありそうなことだ。

社会的な規模で日蓮に迫害・弾圧が加えられたということは、これ以前に、日蓮の主張が社会化され、その主張に共鳴し、日蓮を信奉するものが、その周辺に相当数組みあげられていたことを意味する。『守護国家論』の公表や『立正安国論』の上申が、信奉者拡大の契機になったことはいうまでもない。日蓮の主張は『法華経』至上主義の立場からする、幕府（直接には得宗権力）にたいしての善政の勧奨《かんしょう》であり、それは宗教的次元からの現政治批判であった。加うるに『法華経』至上主義＝正法を護持するためには、武器をとって戦うことも辞するな、と説いており、実際に武器をたくわえていたようである。

幕府はもともと、僧侶が刀剣をもつことを禁止していた。法難の直前一二六一年（弘長元）二月には、袈裟《けさ》で頭をつつんで鎌倉中を横行する僧侶がいるばあい、鎌倉市政の直接担当者である保《ほ》（鎌倉の行政区域）の奉行人《ぶぎょうにん》に禁制させており、僧侶の僧兵的行動をきびしく禁止していた。日蓮にたいする一二六一年（弘長元）の社会的・権力的な迫害・弾圧はこのようにしておこった。だから弘長元年の法難は、右に述べたような意味で、一二七一年（文永八）の法難の祖型《そけい》（もとのかたち）だったといってよい。

日蓮は伊豆で三年の配流生活を送り、一二六三年（弘長三）に流罪《るざい》をとかれた。この年の一一月、北条時頼が三七歳の若さで死去している。日蓮は『安国論』の主張も、これでむなしいものになるのではないかと落胆したという。

その翌年の一二六四年（文永元）、母が重病であったため、故郷の安房に帰省した。そしてこの地でふたたび法華信仰をひろめていった。法難をとおしたいっそう強い確信で信仰を説いたと思われる。しかしそのことによって、この地での従前からの宗教的・世俗的な反日蓮派の結束が、かえって強まったのではないかと推測される。

一二六四年（文永元）一一月一一日、東条景信の支配下の東条松原を日蓮が一〇人ばかりの随行者《ずいこうしゃ》とともにとおりかかったとき、景信はじめ多くのものから襲撃された。日蓮の随行者のうち弟子一人は即座にうちとられ、二人は重傷を負い、日蓮自身も頭に傷をうけ、左手を折られた。日蓮はあやうく危難をのがれた。いつのころからか、これを小松原法難というようになる。その場所は、現在の千葉県鴨川市広場の小松原と伝えられ、この法難の殉教者にちなんで鏡忍寺《きょうにんじ》が建っている。

伊豆配流・東条松原法難を頂点に、『国家論』の公表、『安国論』の上申以来、日蓮にはさまざまの迫害・弾圧が加えられたが、日蓮はこれを宗教的体験の深化としてうけとめた。『法華経』をひろめるものは種々の難にあうという『法華経』の本文を実践するものとして自らを規定し、「法華経の行者《ぎょうじゃ》」の自覚を明らかにした。『法華経』に説く受難の体験なしに、ただ単に、

『法華経』を信奉しひろめる「持経者《じきょうしゃ》」と区別したのである。

これまでの迫害・弾圧を専持法華の信仰にてらして反省したとき、教えをひろめるにあたって、時代・環境・対象などについて深く省察しなければならぬことに思いをいたし、伊豆配流中に『教機時国抄』(一二六二年＝弘長二)を書いた。ここで説かれていることは五義判(教・機・時・国・序)とよばれている。時代の問題状況のなかで専持法華を、どう実現し生かしていくかということを説いたものであり、東条松原法難の体験を経て、いっそう確信が深められ、信徒にも積極的に示していくようになる。

II

蒙古国書の到来

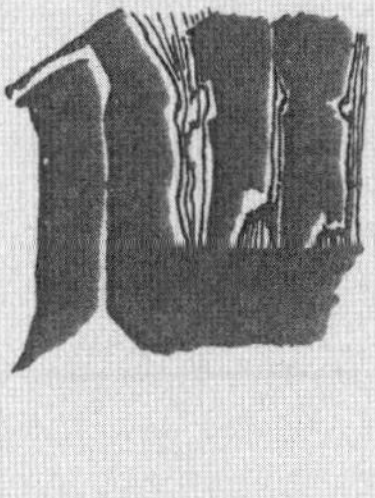

東アジア世界のなかの日本

❖風波の荒さ

高麗《こうらい》の咸安《かんあん》（慶尚南道《キョンサンナムド》）の出身者に趙彝《ちょうい》という人物がいて、フビライの知遇を得ていた。彼は日本の事情を聞き知っていて、フビライに日本のことを進言した。日本の典章《てんしょう》・政治はすぐれており、漢・唐以降、中国と通交している、というのである。あとから考えれば、この一人の人間の発言が、鎌倉時代後半の日本を蒙古問題にくぎづけにしたわけである。

フビライは使者を日本に派遣することにしたが、趙彝の進言をうけいれるにはそれなりの背景があったと思われる。当時、蒙古は宋《そう》を討つことを最大の目標にしていたが、日本は海上を通じて宋と往来があり、貿易をおこなっていて、その関係は深かった。蒙古が宋を孤立させこれを討ち平げるには、宋と日本との関係を絶ったほうがよい。少なくも蒙古の側に日本をとりこむことは必要であった。早く、中国の『唐書』の日本伝では、奥州の黄金、対馬《つしま》の白銀のことが伝えられており、事実、平安時代には陸奥《むつ》の砂金が遣唐留学生や留学僧の費用として使われ、あるいは対中国貿易の決済手段として金が使われていた。

　そのようなことが理由で、日本は金銀に富む国だというイメージが中国でつくられ、奥州の産金がほぼ底をついた鎌倉時代でも、そのイメージは抜けなかったようである。マルコ＝ポーロの伝える有名な「黄金の国日本」の話は、聞きあやまりというより、むしろばかばかしいものでさえあるが、それなりの歴史的根拠はあったということになる。日本にたいする産金国家の幻想はともかく、フビライの日本招諭《しょうゆ》（まねきさとすこと）に、日本との交易が考慮されていなかったとは断言できない。

　また、一三世紀にはいってから、高麗の沿岸は日本人のためにしばしば侵略《しんりゃく》されていた。フビライは、日本招諭をとおしてこのことをなくし、蒙・麗・日を一環として宋にあたろうとしたのか。今のところ、歴史的文脈として、そのようなことが考えられる、としかいえない。ともかく、フビライの日本招諭に中華的世界観があったことはいなめないし、また、その日本招諭が蒙古を中心とする東アジアの国際的新秩序形成の一環であったことはまぎれもない。

　一二六六年（元＝至元三、日本＝文永三）八月、フビライは黒的《こくてき》・殷弘《いんこう》を国信使（国の使者）に任命した。フビライは高麗国王にあてて、蒙古の使者を日本に案内させるよう命じ、「風濤《ふうとう》の険阻《けんそ》を以《もっ》て辞《じ》となすなかれ――風波が荒いなどと言いわけするな」と厳命した。高麗では宋《そう》君斐《くんひ》らが道案内に選ばれ、黒的・殷弘を案内して、朝鮮の東南端の巨済島《チェジュド》に至った。ところが、

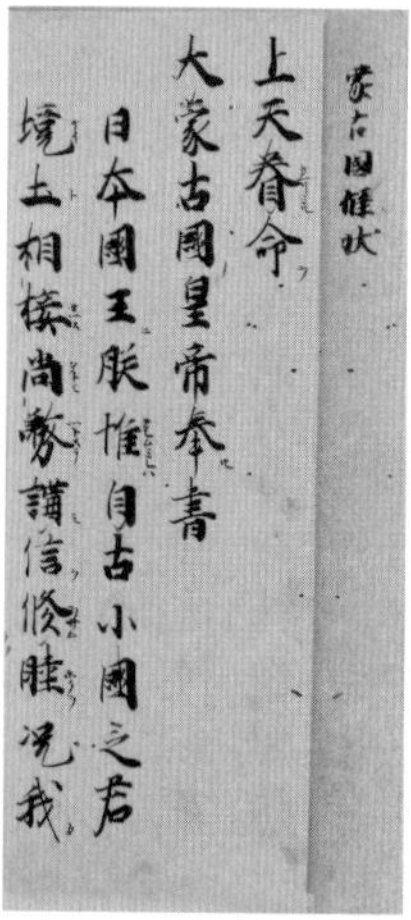
蒙古国牒状
上天眷命
大蒙古国皇帝奉書
日本国王朕惟自古小国之君
境土相接尚務講信修睦況我

天を蹴《け》るばかりの風濤のすさまじさに驚いた蒙古の使者は、日本へ渡ることの危険をおそれ、翌年（一二六七）正月、使者一行はむなしくひきかえした。

黒的らが渡日を思いとどまったのは、実は、高麗の宰相《さいしょう》李蔵用《りぞうよう》の工作がきいたからだといわれている。蒙古王は日本と好《よしみ》を通ずるといっているが、これは将来の日本遠征が予想され、高麗の負担は目に見えている。李は黒的に手紙を出してその渡日を阻止したというのである。高麗は蒙古に弁明の書を送ったが、フビライは、高麗のいいのがれを叱責《しっせき》し、高麗の責任で日本に通諭せよと迫った。高麗王は潘阜《はんぷ》を使者として日本へ派遣した。潘阜はこの年（一二六七）の八月に江都をたち、翌年正月、大宰府《だざいふ》に到着した。

❖蒙古の国書

蒙古・高麗両国の国書は、大宰少弐《だざいのしょうに》武藤資能《むとうすけよし》（一一九八〜一二八一）に渡され、資能は閏《うるう》正月五日、鎌倉幕府に送り、幕府はこれを朝廷に転送した。ときに二月七日である。外交上の重大な局面でのこの手続きは、朝廷と幕府との関係、すなわち日本の中世国家の性格を考えるのに重要な指標になる。外交権は、形式的にもせよ、朝廷にあったのだ。

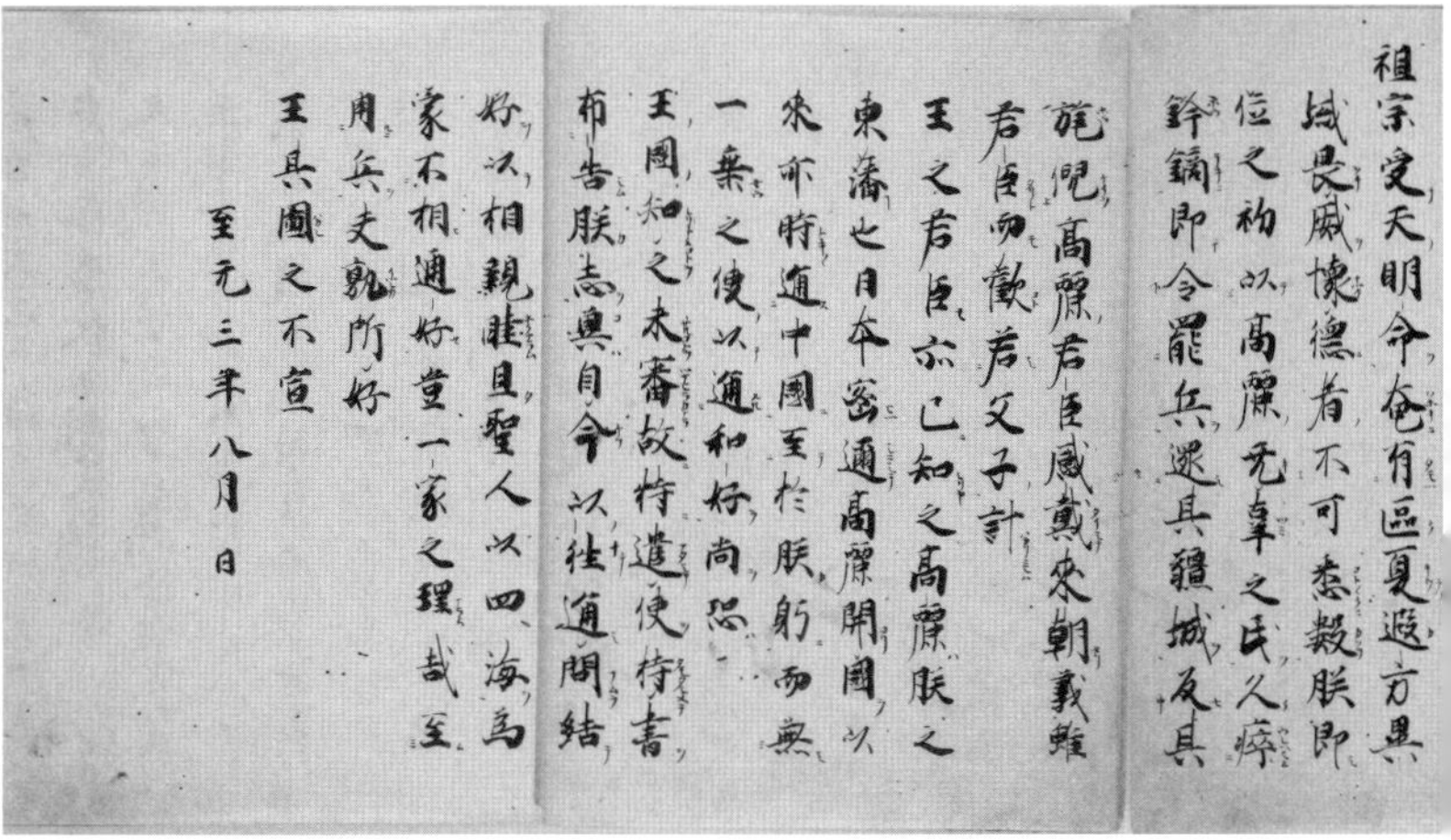
祖宗受天明命奄有區夏遐方異
域畏威懷德者不可悉數朕即
位之初以高麗無辜之民久瘁
鋒鏑即令罷兵還其疆域反其
旄倪高麗君臣感戴來朝義雖
君臣而歡若父子計
王之君臣亦已知之高麗朕之
東藩也日本密邇高麗開國以
來亦時通中國至於朕躬而無
一乘之使以通和好尚恐
王國知之未審故特遣使持書
布告朕志冀自今以往通問結
好以相親睦且聖人以四海為
家不相通好豈一家之理哉至
用兵夫孰所好
王其圖之不宣
至元三年八月　日

「蒙古の国書」（奈良市：東大寺蔵〔奈良国立博物館写真提供〕）

蒙古の国書は、先の一二六六年（至元三）八月のものであり、高麗の国書は、その翌年九月のものである。蒙古の国書は『元史』に載せられているが、日本にもたらされたものの原本は残っていない。ただ東大寺の図書館に宗性《しゅうしょう》という有名な学僧の書いた『調伏異朝怨敵抄《ちょうぶくいちょうおんてきしょう》』という書物があり、それに国書の写しが収まっている。上に掲げた写真がそれである。

この国書の形式は、書き出しが「大蒙古国皇帝、書を日本国王に奉ず」とあり、とくに、その結びは「不宣《ふせん》」とあって、臣としないという意味であり、辞句は前例のない丁重さであった。主旨は「問を通じ好を結び、以て相親睦《あいしんぼく》せん」というところにあった。すなわちフビライは、中国王朝の継承者として、日本を臣《しん》としないたてまえで朝貢《ちょうこう》させ円満な国交をむすぼうというものであった。それが、宋の討平と、それにともなう蒙古中心の東アジア世界の新しい秩序形成の一環であったことはいうまでもない。国書が微妙な表現をとり、日本が蒙古のいうことに応じなければ、出兵の用意もあるという威嚇《いかく》をこめているのも、蒙古に視点を合わせてみれば、当然なことであったといえよう。

これに添えられた高麗の国書は、その苦しい立場をあらわに表現していた。蒙古の厳命でやむなく使者を送ることを書き、フビライが日本と通好《つうこう》しようとしているのは、貢献を第一に考えているのではなく、「無外の名を以て天下に高くせん」がためである。つまり大国としての面目を張るためである、と述べていた。高麗は、日本が蒙古にいろよい返事をしてくれることをひたすらに望んでいた。今以上に苛酷《かこく》な負担がかかることは、なんとしてでも回避したいという、大国に圧服された弱小国の悲しい願いであった。

❖国家の大事

蒙古の国書をめぐって、朝廷では二月八日から会議が始まった。その結果、蒙古へは返書をしないことに決定した。返書の可否については、幕府の要請により、朝廷貴族が決定の審議にあたった。彼らは宮廷という閉ざされた社会に住み、ふるい慣習になずみ、国際情勢に明るかったとはいえない。大陸との公式の国交は久しく絶えていて、当時おこなわれていた宋との往来は私的なものであった。この歴史と現実をふまえる限り、国家的次元で公的に蒙古の申し入れを受け入れることはありえなかったろう。

なによりも、当時の日本の国際関係についての情報は、主として南宋の側から得られていて一方的であり、そのため日本は蒙古を中心とする国際関係の事情について総合的な判断が下せなかった。蒙古に関する幕府の情報入手は、来日禅僧あたりを媒介《ばいかい》にしたものが多かったようである。この点、日蓮の禅宗批判を考えるさい、見のがせないことである。また日本からの入《にっ》宋僧《そうそう》の情報もあったろう。南宋は蒙古に圧迫されつづけていて、蒙古を憎む感情は強く、南宋にとって蒙古は侵略者・征服者以外のなにものでもなかった。当時の日本の記録に蒙古のことを犬の子孫だといってさげすんでいるのがある。これは蒙古の始祖伝説が宋人の軽蔑《けいべつ》のフィルターにかかり、それを日本人が直受していたのではないかとみられる。

返書は出さないことに決定したが、それだけに、侵略者・征服者としての蒙古の印象は、日本人の間に逆にますます強くきざみこまれていった。この恐怖感は「ムクリ・コクリ」(蒙古・高麗)という言葉であらわされ、長く日本人の心をとらえた。とにかく、返書を出さないことに決定したのは、国書そのものを侵略の意志表示と解したからである。

返書の可否についての朝廷の会議に出席した近衛基平《このえもとひら》は、その日記に「此《こ》の事、国家の珍事、大事なり。万人驚歎《きょうたん》の外他無し」と記している。この気持ちは、上層貴族だけでなく、幕府にも、武士たちにも、おそらくは一般の人々にも共通したものであったろう。蒙古の国書が日本にきたときの、この、日本人の驚き、おそれをもっとも端的に表現しているのは、ほかならぬ日蓮その人である。

周知のように、蒙古の日本招諭はこのあと何回も試みられ、蒙古襲来の危機感は日増しに深刻になっていく。一二七三年（文永一〇）五、六月ごろ清澄寺の別当《べっとう》にあてた『別当御房御返事《べっとうごぼうごへんじ》』に「大蒙古国の牒状《ちょうじょう》（国書）しきりにありて、此国《このくに》の人ごとの大なる歎《なげき》とみへ候」と書いている。初回の国書以後、それが度を重ねていくのに比例して日本人の恐怖が深まっていくさまを、まことに的確に表現している。史料的に若干問題はあるが、『種種御振舞御書《しゅじゅごふるまいごしょ》』に「日本国の上下万人……、蒙古国の牒状に正念《しょうねん》をぬかれてくるうなり」とある。同書自体の文脈からいえば、日本国が日蓮の言説をとりあげず、邪法充満の状態を痛憤《つうふん》しているものであるが、蒙古の国書が日本人にいかに深刻な打撃を与えていたかを示す表現としてとっても、すこしもおかしくはない。またそう解釈しても、日蓮の気持ちをいささかもそこなうものではない。

日蓮の宗教活動は、蒙古襲来を画期として、俄然《がぜん》独自性を帯びてくるが、それは蒙古の国書がきて、当時の日本人が底知れぬほどの侵略の恐怖感においこまれたことを、そもそもの前提としている。従来、このことについては、指摘がなかったわけではないが、ややもすると、とおりいっぺんであったと思う。蒙古の国書は、日本にたいして、つまるところは、服属か抗戦かのいずれかしか選ばせないものであった。史上空前の「大蒙古国」が兵を用いれば、日本の滅亡は必至である。すくなくとも、日蓮はそうみた。

この日本人共通の危機感あるいは恐怖感を前提としながらも、蒙古問題にたいする日蓮の考えは、他の日本人とはいちじるしくことなる方向をとっていった。このことをあきらかにするのが本書の主題である。それは、おいおい述べていく。二月一五日、幕府は神馬《しんめ》・御剣を賀茂《かも》社《しゃ》に進献し、朝廷では二二社への奉幣《ほうへい》がおこなわれた。幕府は神仏に祈願するだけでなく、実際の防衛体制を固めていった。防衛体制をになったのが幕府であって朝廷でなかったことを、国制史の問題として特記しておかねばならない。

二月二七日、幕府は讃岐《さぬき》（香川県）の守護にあてて次のような命令を出した。

近日、蒙古から牒使が来たが、それは蒙古人がよこしまな心をもって日本をうかがおうとするものだ。これにたいして早く用心するよう管轄下の御家人たちに報知せよ。

これと同じような命令は他の西国の国々にも出されたことであろう。薩摩《さつま》（鹿児島県）の島津家文書にも、この命令書があったことを示す記事がある。右の命令書から、幕府が蒙古からの国書を、侵略のさきぶれ以外のなにものでもないとうけとっていたことを端的によみとることができる。その文面にある「蒙古大凶心を挿《さしはさ》み、本朝（日本）を伺うべきの由」という表現は、日蓮の『立正安国論』の奥書に「西方大蒙古国より我が朝を襲うべきの由牒状これを渡す」とあるのとぴったりである。蒙古からの国書にたいしては、日本人のすべてが侵略のさきぶれとしてうけとっていたとみてよい。

このように蒙古人の襲来にそなえて用心(警固)をすることを異国警固とか異賊警固(用心)、あるいは蒙古人警固・蒙古人用心といったが、右の命令は、このことに関する最初の命令である。このことの具体的な内容についてはあとで述べよう。朝廷では異国の事によって山陵使《さんりょうし》が派遣され、大社大寺では異国調伏《ちょうぶく》の祈禱《きとう》が盛んにとりおこなわれた。ところで蒙古国書の到来にたいする日蓮の態度はどうであったろうか。

身命を捨てて国恩に報じよう

❖予言の書

日蓮が蒙古のことを直接明言しているのは、一二六八年（文永五）四月五日、法鑒房《ほうかんぼう》にあてた『安国論御勘由来《あんこくろんごかんゆらい》』が最初である。そこでは、勘文《かんもん》すなわち『立正安国論』を捧げてのち九か年がたち、今年閏《うるう》年正月、大蒙古国の国書をみたが、日蓮の勘文にあうこと、まさに割符《さいふ》がぴったりあうようなものだ、と述べている。『立正安国論』で、内乱と外冦《がいこう》がおこることを指摘していたが、蒙古からの国書は、まさしく外冦の予言に符号するものだ、というのである。蒙古問題の発生について、日蓮が九年前の『安国論』の上書をどのように意味づけるようになったかは、この表現にもっとも端的にあらわれている。同書についてのこの意味づけは、以後、晩年に至るまでかわらない。

とにかく蒙古国書の到来とともに、日蓮が『立正安国論』（およびその上書）を「勘文《かんもん》」というようになるのは注目すべきである。「勘文」というのは、古文書学的にいえば、諸事に関する先例典故等を調査すること、あるいは事をおこなおうとする日時をあらかじめ占って定めることを勘申《かんしん》といい、その結果を書き表わして差し出す文書のことをいうのである。太政官《だいじょうかん》の外記《げき》、史《さかん》がもっぱらこれに当たり、日時をあらかじめ調べることについては、陰陽道《おんみょうどう》の者がこれにあたった。日蓮に即していえば、相次ぐ災害について勘《かんが》えた、幕府にたいする上申文書というほどの意味であるが、同書に、未来を知る予言の書としての意味を含むようになったのは明らかである。

仏教の知見は三世にわたる、つまり過去・現世・未来にわたるというのが、仏教者の思考の型であり、信念であった。経典にてらして事象をみることは、そのまま未来記になると確信されており、日蓮が『安国論』に未来を知る予言の書としての意味を付与したことも、仏教者としては、異とするにはあたらない。ただ、それが国家と人民の最大の危機にかかわることであったから、日蓮をめぐる人々に与えた影響は大きかったのである。

日蓮の説くところは、信仰の乱れがつまるところ国の危機をもたらすというのにあり、法華信仰の確立こそが、その最上の救済であるというのである。大蒙古国の国書を目して、「日蓮が勘文に相叶《あいかな》うこと、あたかも符契《ふけい》の如《ごと》し」といっているのは、いわゆる予言の適中だけをよろこんでいるのではない。法華信仰へのいざないそのものなのである。

❖国の為め、法の為め、人の為め

さきに引いた一二六八年（文永五）四月五日の法鑒房あて『安国論御勘由来』は、蒙古の国書がきたときの日蓮の考えとその行動とをいちばん明瞭に示すものである。以下、その意味で本論がどのようなものであるかを説明してみよう。法鑒房という人物については、北条氏嫡流の家司――得宗《とくそう》被官《ひかん》の最上首であった平《たいらの》左衛門尉《さえもんのじょう》頼綱《よりつな》の父盛時《もりとき》の法名であるともいわれているが、確かではない。『安国論』の採用を迫っているところからみて、得宗被官かそれに類する者と考えても、不当ではあるまいが、平盛時だという確証はない。

本論は、さきにも述べたように、一二六〇年（文応元）に『安国論』を撰述して北条時頼に上申したが、蒙古の国書をみた現在、そこで予知・予言していた他国侵逼難――外国からの侵略が符号したのは、あたかも釈尊や聖徳太子《しょうとくたいし》が未来のことをいいあてた記文と同じである、として、『安国論』の撰述、上申の由来を改めて進言したものである。本書については、次の三点に注意しておこう。

第一に『安国論』では正嘉《しょうか》以来の災害を邪法が盛んにおこなわれていることに帰し、その根源は法然の念仏にあるとしていたのであるが、本書ではそれに大日能忍《だいにちのうにん》（生没年不詳）の禅宗が加えられていることである。これは、ほぼ同時期に書かれたと思われる『安国論副状《あんこくろんそえじょう》』にもみられる。大日能忍を法然・隆寛《りゅうかん》と並べて批判し攻撃しているのは、一二六二年（弘長二）の撰述といわれる『教機時国抄』がいちばん早いが、『安国論』ではふれられていなかった。大日能忍は摂津国《せっつのくに》水田（大阪府）に三宝寺を建てて禅宗をひろめ、当時その名声はすこぶる高かった。その孫弟子の孤雲懐奘《こうんえじょう》は『正法眼蔵随聞記《しょうぼうげんぞうずいもんき》』の著者として知られており、大日能忍の禅宗は後継者はなかったけれども、懐奘を経て曹洞宗《そうとうしゅう》に伝わっていることになる。

『安国論』で加えていなかった禅宗の批判を、蒙古の国書到来を機に『安国論副状』や『安国論御勘由来』で加えるようになったことについて、日蓮自身の記したものはない。『安国論』に禅宗批判を加えなかったのは、上申さきの北条時頼が禅宗にひとかたならぬ傾倒を示しており、禅宗最大の外護者《げごしゃ》であったから、日蓮はそれをはばかったのだといわれている。だから時頼なき今、それを考慮する必要はなくなったのだという。もちろん大筋としてはそうであろう。

しかし、『安国論』上申以後、禅宗の勢力がますます大きくなっていき、幕府の対蒙古政策にも直接・間接に影響を与えるようになったため、法華信仰をひろめるのに障害になると判断し、禅宗批判を付加せざるをえなくなったのではなかろうか。『安国論』上申後の『教機時国抄』に、はじめて大日能忍の批判がみえることは、消極的ながらこの考えをささえてくれる。日蓮の禅宗批判は人に即していえば、最初は大日能忍を対象としていたが、のちに円爾弁円《えんにべんえん》（一二〇二〜八〇）や蘭渓道隆《らんけいどうりゅう》（一二一三〜七八）にかわっている。

次に注目されるのは、他国からこの国土を破壊されようとするとき、これに対応する方法を知っているのは、比叡山を除いて日本国には日蓮ただ一人であると述べていることである。これには、それなりの歴史的認識と解釈が根拠にあった。清和《せいわ》天皇は天台座主《てんだいざす》慧亮《えりょう》（八〇二〜八六〇）の法威《ほうい》で即位し、天皇の外祖父の藤原良房《ふじわらのよしふさ》は叡山に誓状を捧げた。源頼朝《みなもとのよりとも》（一一四七〜九九）はその清和天皇の末葉である、という事実を引き、だから、鎌倉幕府がことをおこなうにあたっては、是非を論ぜず、叡山にそむくようなことがあれば、天命の恐れがあるというべきだと述べている。ここには、叡山仏教を中心にすえて外国からの侵略に対処すべきだとする、叡山僧としての日蓮の姿があざやかに浮き出ている。

右の、天台座主の法威によって即位した天皇の子孫――源頼朝が鎌倉幕府を開いたのであるから幕府は叡山をあがめなければならないという日蓮の歴史的認識は、頼朝に即していうと、事実は若干ことなっている。頼朝は源氏の伝統に従って、天台宗の山門派《さんもんは》（延暦寺）と寺門派《じもんは》（園城寺）のうち、寺門派すなわち三井寺《みいでら》系と親しい関係にあった。日蓮当時の鎌倉の仏教界における人的配置をみても、寺門派の進出はいちじるしかった。外寇に対処して、鎌倉の天台宗僧侶が宗教的機能を発揮するとなると、どうしても寺門派の活躍が予想される。日蓮の右の解釈は、だから、仏教界はまさにかくあるべきだとする叡山僧としてのたてまえから出たものである。山門と寺門との長い抗争の歴史を背景に、鎌倉仏教界に山門の正法をうちたてたいとする日蓮の願いが、蒙古問題を機にして、右のようなたてまえを強く主張させるに至ったのである。

もちろん日蓮の意識は、単に、寺門にたいする山門という段階にとどまっていたのではなく、全仏教段階において、山門——日蓮とその外（とくに念仏、禅宗）という形で対置されるものであった。

一二六九年（文永六）のものといわれる三位房《さんみぼう》あての『法門可被申様之事《ほうもんもうさるべきようのこと》』には「仏教の滅不滅は叡山にあるべし。叡山の仏法滅せるかのゆえに異国我朝をほろぼさんとす。叡山の正法の失《うす》るゆえに、大天魔《だいてんま》、日本国に出来《しゅったい》して、法然・大日が身に入り」、叡山仏教が衰えた、といっている。つまり、念仏・禅宗が盛んになり叡山の正法が滅したから蒙古が日本をほろぼそうとするような事態がおきたのだ、と強調しているのである。蒙古国書到来後まもなくの日蓮の立場をもっとも明瞭に示す言葉である。

第三に『安国論』の撰述、およびその上申に関する改めての進言は、ひとえに国の為《た》め、法の為《た》め、人の為《た》め、すなわち国土の恩を報ぜんが為《た》めであって、身の為《た》めにするのではない、と結んでいることである。この種の表現は、当時の人が自分の考えなり行動なりをいいあらわすばあいの、いわば定型的な表現で、実は日蓮独自の表現ではない。ただ、この時点における日蓮の、みなぎるような現実肯定の精神が、その定型的な表現に質的緊張を与えているのである。

右の表現は一二六八年（文永五）八月二一日の『宿屋入道許御状』にもみえ、翌月の『宿屋入道再御状』には、「仏法を学ぶの法は、身命《しんみょう》を捨てて国恩に報ぜんが為《た》めなり」と述べている。この現実肯定の考え方が、蒙古襲来の危機が深まるにつれて、否定の否定ともいうべき蒙古国天使説になっていくことについてはあとで述べよう。日蓮の門下が、国家諫暁《かんぎょう》の名において、祖師の教説を公・武の権力に認めさせようとするばあい、『安国論』の現実肯定的な段階での日蓮の主張を高くかかげていることは注目に値しよう。そこでは、日本が法華信仰を確立できないようであるなら、蒙古にほろぼされるのは当然だという、日蓮の謗法治罰論《ほうぼうちばつろん》は全面に出されてはいない、

❖『立正安国論』の再活用

一二六八年（文永五）三月、執権北条政村《まさむら》は、従来連署であった北条時宗《ときむね》（一二五一～八四）と執権の職を交替し、みずからは連署となった。北条氏の家督である得宗が政権の主座につき、外寇に対処する幕府の政治的体制はととのった。このころ日蓮は『安国論』を浄書し、得宗被官宿屋最信を通じて時宗に進呈しているようである。それは執権と連署の交替がおこなわれたあとのことであろう。

蒙古国書の到来を機として、かつて、念仏を禁圧しなければ内乱と外寇とがおこるであろうと指摘した日蓮の『安国論』の主張をおもいおこす人は、何人かはいたであろう。その指摘が的中したことに深い感銘と感慨をこめながら、『安国論』そのものをもっとも熱心に再検討したのは、ほかならぬ日蓮自身であった。日蓮が『安国論』を浄書して為政者に進呈したのは、そのあらわれである。

『安国論』の主張を想起した人たちも、危機的実感をこめながら同書を再読したと思われる。そのような人たちを軸にして『安国論』の主張は、外寇の危機にいかに対処するか、深刻に懊《おう》悩《のう》している人の関心を強くとらえていった。日蓮はこれらの要求に応じてみずから『安国論』を書き与え、これを宗教的に再活用した。

現在、『立正安国論』の日蓮自筆本は三本以上あったことが明らかにされている。そのうち、中山法華経寺（千葉県市川市）にあるものは、日蓮が『立正安国論』を幕府に上申してから一〇年後の一二六九年（文永六）、つまり蒙古国書到来の翌年に、日蓮みずから矢木式部大夫胤《たね》家《いえ》のために面《まの》り《あた》授けたものであると、一三〇六年（嘉元《かげん》四）正月一三日の遠藤右衛門入道道正の譲状《ゆずりじょう》に伝えられている。道正は、矢木胤家から一二八〇年（弘安三）に同本をうけ、中山法華経寺第二世の日高《にちこう》の懇請《こんせい》によって、同寺に伝えられるようになったのである。

矢木胤家は『千葉大系図』や『千葉支流系図』、『相馬《そうま》系図』によると、千葉常胤―相馬二郎師常《もろつね》―常家―胤家とみえている。千葉氏の支族相馬氏の一族で下総国《しもうさ》(千葉県・茨城県)相馬郡矢木郷を本拠としていた。

『香取神宮《かとりじんぐう》文書』に、同宮の造営負担を書き上げた「造営記録断簡」があるが、西廊一宇《せいろういちう》の作料宮米(西側の廊を作る費用)七〇石を矢木郷本役として負担した人物に地頭《じとう》式部大夫胤家の名がみえる。ここにいう胤家その人である。矢木郷は同宮文書では矢木荘ともみえる。

『相馬系図』によると胤家の祖父の師常は、熱心な念仏の行者であり、師常の弟の日胤《にちいん》は園《おん》城寺《じょうじ》の僧であった。日蓮と出会う前の胤家の信仰環境がしのばれる。ところで、ここにかかげている胤家関係の系図をみていただきたい。胤家の一族に東重胤《とうしげたね》がいる。一二八一年(弘安四)五月二二日、日蓮からの手紙をうけているものに東兵衛尉《とうひょうえのじょう》という人物がいるのである。

この東重胤ではあるまいか。そうでないとしても、東兵衛尉が胤家と一族の東氏であることは確かである。日蓮の教説の受容・伝播《でんぱ》が胤家→東兵衛尉、あるいはその逆の経路で、すなわち在地領主間の族的な経路でおこなわれていることが明らかである。日蓮の教説を胤家に媒介したものとしては、富木《とき》氏あたりが想定される。この重胤と同一人物かどうかはわからないが、相馬文書の一三〇〇年

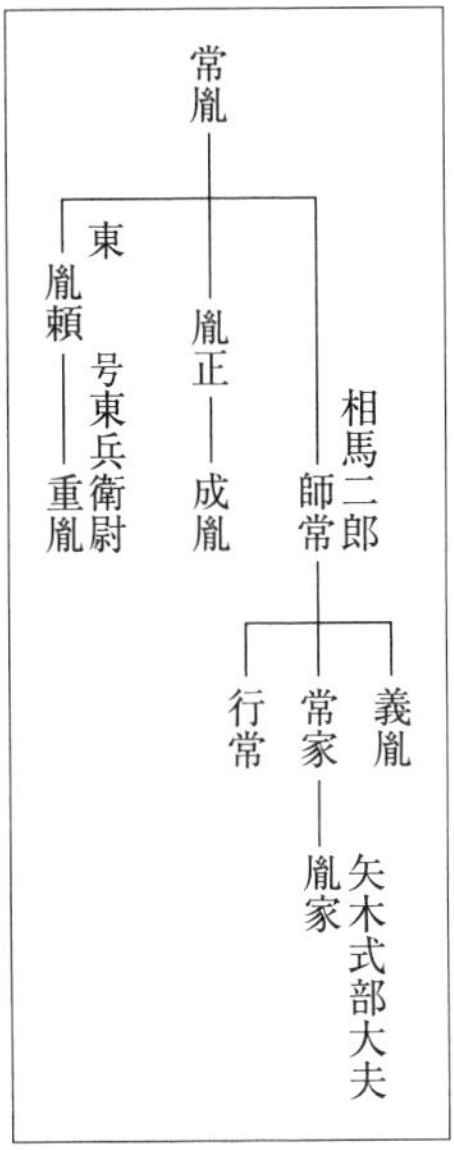

胤家関係系図(『相馬系図』による)

（正安《しょうあん》二）四月二三日の関東下知状に相馬孫五郎重胤という人物のみえることも注意しておきたい。富木常忍《ときじょうにん》（一二一六〜九九）のほか、曽谷入道《そやにゅうどう》（一二二四〜九一）・大田乗明《おおたじょうみょう》（一二二二〜八三）・金原法橋《かなばらほっきょう》等々、日蓮の信徒に下総の在地領主の多いことは、日蓮の信奉者をみるばあい、とくに注目をひくことであるが、矢木胤家や東兵衛尉などの存在も右とあわせて重視すべきである。

❖『法華経』の力

『安国論』を媒介にした日蓮と胤家との宗教的応答は、『安国論』の奥書から推測することができる。一二五七年（正嘉元）八月二三日の大地震を契機として日本の宗教・社会の情勢を考え、一二六〇年（文応元）七月一六日、宿屋最信をとおして北条時頼に『安国論』を上書したことを述べ、一二六四年（文永元）七月五日の大明星で、いよいよ災害のおこる根源を知ったといい、一二六八年（文永五）と翌年の蒙古国書が、『安国論』で説いたことを立証しているとし、未来に災害のおこることは必然であろうと述べている。そして最後に、「此の書は徴有《しるし》る文なり、是れ偏《ひと》えに日蓮の力に非《あら》ず。法華経の真文《しんもん》の至す所の感応歟《かんのうか》」と結んでいる。

国家危機のなかでいかに処すべきかという、現状認識と未来展望を求める矢木胤家と、『法華経』信仰をとおしてその求めに応答する日蓮の姿を、あざやかに示すものといえよう。『安国論』はそのような求めに応ずる、まさに宗教的媒介としてあった。胤家と日蓮との間におこなわれたこの宗教的応答の、いわば第二次的応答が、胤家を核にして下総の地で展開されたであろうことは、容易に想像されるところである。さきに述べた、矢木胤家→遠藤道正という日蓮の教説の受容・伝播の経路は、まさしくこれにあてはまるものである。さらに同様な、矢木胤家→東兵衛尉という経路の推定をこれに含ませることも可能であろう。

すこしあとのことになるが、一二七二年（文永九）五月二六日の『安国論送状』に、日蓮は、「立正安国論の正本、土木殿《ときどの》に候。かきて給候はん」と書いており、このころ日蓮は何人かに同書を書き与えているのである。これも右に述べたような応答の系列のなかで理解してもさしつかえないものと思う。なお、中山法華経寺第三世の日祐《にちゆう》の『本尊聖教録《ほんぞんせいきょうろく》』には、大学三郎の筆になる『安国論』一巻があったことが記録されている。

『安国論』には、別に広本とよばれるものがある。これは献上本――いわゆる略本の『安国論』に、経文の引用を加え、真言宗を論破した部分を追補した同名の日蓮自筆本で、京都市の本圀寺《ほんこくじ》にある。広本追補の年次は、筆跡からみて建治《けんじ》（一二七五～七七）以後であろうといわれている。広本の存在は、さきに述べたような『安国論』にたいする未萌《みほう》を知る書としての意味づけと、その宗教的な再活用の問題と無関係ではあるまい。

日蓮を誤るもの

❖人の心もやわらいで

日蓮はもとより幕府も一般の人々も、蒙古からの国書の到来は、とりもなおさず蒙古の襲来を意味するものと受け取っていた。一二六八年（文永五）八月、日蓮は得宗被官宿屋左衛門入道最信にあてて『安国論』で説いている外寇対策――念仏の禁圧、この時点ではそれに禅宗が加わっている――を採択されるよう、執権北条時宗へのとりつぎを依頼した。しかし、最信は日蓮の依頼には応えなかった。日蓮はふたたび最信に書を送り、わたしの依頼を忙しくて忘れたのか、それとも軽んじて一行の返報もおしむのか、となじり、蒙古襲来にそなえての〈宗教的〉対策を申し出ているのに、それをとりつがない責任は免れがたいであろうと警告した。しかし、最信が返報しなかったのは無理はあるまい。

得宗被官の内奏《ないそう》を経て、蒙古対策その他政治上の意見を得宗＝執権にとりついでもらおうとするのは、日蓮一人ではなかったであろう。蒙古調伏《ちょうぶく》の祈禱に各宗派の寺院や神社が動員さ

光則寺　宿屋最信の旧邸跡と伝えられる。（鎌倉市）

れているとき、すなわち、より多くの仏、より多くの神に、国土の安全を祈っているとき、叡山仏教に統一して外敵にあたれという、いわば、一仏（釈尊）・一経（『法華経』）を中心とする宗教統制を進言しているのであるから、進言の内容そのものからいっても、おいそれと返答のできるものではなかった。日蓮の進言がにぎりつぶされていたのは、進言内容の実行が不可能だという暗黙の返答であったと理解されなくもない。

　ところで、このころの日連の行動を知るものとして、一二六九年（文永六）のものだと推定される一一月二八日の『金《きん》吾《ご》殿《どの》御《ご》返事《へんじ》』をみると、

　去年方々に申て候しかども、いなせ（否応）の返事候はず候、今年十一月の比《ころ》、方々へ申て候へば少々返事あるかたも候、をほかた（大方）人の心もやわらぎて、さもやとをぼ（覚）したりげに候。又上のけさん（見参）にも入て候やらむ。

とある。この文章は、いろいろな問題をふくんでいる。第一、この手紙の年次は、ふつう一二七〇年（文永七）のものとされている。結論的にいって、文中に「去年方々に申て候しかども、いなせの返事候はず候」とあるのは、一二六八年（文永五）一〇月の、いわゆる『十一通書』をさすものと考えられる。ただ、あとでもいうように、『十一通書』なるものは、この手紙にあるような日蓮の行動、すなわち『安国論』で説いていることの採用を諸方へ申し送った事実をふまえて作りなされたものだと考える。あるいは、この手紙や『撰時抄《せんじしょう》』などの関係箇所をよりどころにして作りなした、と限定してよいかも知れない。宿屋最信の返報が得られなかったことも、本文の表現をかりていえば「いなせ（否応）の返事」がなかったことの第一であろう。とにかく、一二六八年（文永五）に『安国論』で説いたことの採用を方々へ申し送ったのは事実であり、そのことにふれているこの手紙は、一二六九年（文永六）のものと判断してよかろう。ところで、わたしが偽書だと述べた『十一通書』というのは、どういうものであろうか。これは、近世・近代の日蓮像を形成するうえに、主要な史料として使われ、非常に影響力のあったものであるから、是非ふれておかねばならない。

『十一通書』についてはすでに早く姉崎正治《あねざきまさはる》の「十一通書状から竜の口へ」（『大崎学報』五九）、市村其三郎《いちむらきさぶろう》の「元寇と日蓮」（『歴史地理』五四―一・二）などで偽書説が主張されていたが、これに徹底的な検討を加えて偽書であることを完全に立証したのは、浅井要麟《あさいようりん》の「十一通御書の研究」（「大崎学報」二一九～一一、のち『日蓮聖人教学の研究』に再録）である。浅井は一九四二年（昭和一七）に六〇歳で没したが、その一生を日蓮遺文（祖書）の科学的な研究――いわゆる祖書学の研究――に捧げた学者である。浅井の発表した論文は、その門下生の執行《しぎょう》海秀《かいしゅう》によってまとめられ、前記のように、一九四五年（昭和二〇）一二月、『日蓮聖人教学の研究』として京都の平楽寺書院から公刊され、最近、再刊された。同書を編集した執行も今は亡い。浅井の研究に学びながら、以下『十一通書』について説明しておこう。

❖『十一通書』

蒙古の国書が到来してから約九か月を経た一二六八年（文永五）一〇月一一日、日蓮は執権北条時宗以下、その被官宿屋最信、平頼綱、北条弥源太《やげんた》など政権の中枢部《ちゅうすうぶ》にいる者、および建《けん》長《ちょう》寺《じ》道隆《どうりゅう》、極楽寺《ごくらくじ》良観《りょうかん》、大仏殿別当《だいぶつでんべっとう》、寿福寺《じゅふくじ》、浄光明寺《じょうこうみょうじ》、多宝寺《たほうじ》、長楽寺《ちょうらくじ》等当時の鎌倉仏教界の重鎮《じゅうちん》と目された寺々など、政界・仏教界の代表というべき一一か所にいっせいに書を送って、蒙古襲来の予言が適中したことについて注意をよびおこすとともに、仏教界の代表に対しては公の場での対論によっていっきょに宗教の邪正を決しようといどんだ。それが『十一通書』として知られるものである。

『十一通書』のことは、日蓮遺文と伝える『波木井殿御書《はきいどのごしょ》』『種種御《しゅじゅご》振舞《ふるまい》御書《ごしょ》』にみえているが、前者は偽書であることが明らかであり、後者も全文をそのまま日蓮の真蹟《しんせき》と断定はできない。その後、『十一通書』のことがみえるのは、実は、啓運日澄《けいうんにっちょう》（一四四一～一五一〇）の『日蓮聖人註画讃《ちゅうがさん》』がはじめてである。『註画讃』は一五世紀末―一六世紀初頭ごろにできたもので、絵詞《えことば》の形での最初の日蓮伝である。近世における祖師＝日蓮観の祖型となった。その後、一五九五年（文禄四）、京都本満寺《ほんまんじ》の日重《にちじゅう》が編んだ『本満寺御書』の、二〇巻中の第一巻に『十一通御書』として『弟子檀那中御書《でしだんなちゅうごしょ》』とともにその全文が収められた。すなわち本書は、日蓮滅後はるか後世にみえるものであり、文献的にみて、まず疑わしいのである。

次に、本書には執権のことを「鎌倉殿」と書いているが、これは日蓮遺文の真蹟にはみえないものであり、また、当時の一般的史料からいっても、そのような表現はありえない。また市村其三郎も指摘しているように、本書には「貴殿」という敬語がみえるけれども、真蹟遺文では「貴辺」の用語がふつうである。念仏・禅・真言・律等の批判は「念仏の無間地獄《むげんじごく》、禅の天《てん》魔《ま》の所為《しょい》なる事」というような表現であるが、本書では成句的表現になっている。

忍性《にんしょう》（良観）の批判についてみられるような、低俗な洒落《しゃれ》や皮肉は真蹟遺文にはみえず、通じて『十一通書』の文品はきわめて卑しい。真蹟遺文は、なかに激越《げきえつ》なものはあるが、格調は高い。また『十一通書』の文体は卑俗《ひぞく》な漢文体である。蒙古国書の到来の月日について「正月十八日」とあるのも、他の真蹟遺文や一般的史料の「閏《うるう》（後）正月〈十八日〉」とあるのと相違している。
『与極楽寺良観書』に「日蓮は日本第一の法華経の行者《ぎょうじゃ》、蒙古国退治の大将と為《な》り」云々《うんぬん》とみえるが、日蓮は、この時点では「法華経の行者」ということはいっていない。日蓮の生涯を心得たもののへたな作為である。「蒙古国退治の大将と為り」というような表現も、真蹟遺文には絶対にみえないものである。したり顔で日蓮を粉飾《ふんしょく》・鑽仰《さんぎょう》したつもりであろうが、実はへたな作為が、あちこちで馬脚を出している。

前に引いた一二七〇年（文永七）一一月二八日の『金吾殿御返事』に「去年方々に申て候しかども」といい、その後半に「方々に強言《ごうげん》をかきて挙《あげ》をき候なり」といっており、また、翌一二七一年（文永八）九月一二日、北条時宗の被官で侍所《さむらいどころ》の所司《しょし》である平頼綱に逮捕されたとき、日蓮は頼綱に向かって、

> 日蓮は日本国の棟梁《とうりょう》である。私を失うのは日本国の柱を倒すのも同然だ。すぐに自界叛逆難といって同士討ちがおこり、他国侵逼難《たこくしんぴつのなん》といってこの日本国の人々が他国に打ち殺されるだけでなく多く捕虜にされるであろう。建長寺・寿福寺・極楽寺・大仏殿・長楽寺のいっさいの念仏者・禅僧などの寺塔を焼き払い、彼らの首を由比《ゆい》の浜で切らないことには、日本国はかならずほろぶであろう。

といったということが、一二七五年（建治元）六月の『撰時抄《せんじしょう》』にみえている。このような

ことからみると、蒙古国書の到来の後、日蓮が方々へ、念・禅を排撃し天台法華宗に帰一して外寇にあたらなくてはならぬという、強い表現の書を送ったことは事実である。しかし、それは今日みるような『十一通書』そのものではなかったはずである。

以上のような理由で、『十一通書』が偽作であることは明白である。その責めをただちに日重に帰すべきかどうかは、今のところはっきりしない。『十一通書』が偽書であることを、わざわざ貴重な紙数を使って述べたてたのは、かつて、同書やそれと同工異曲の偽書によって日蓮の思想と行動が評価され、それにもとづく日蓮観がまだかなり支配的で、『十一通書』は、ゆがんだ日蓮像がつくられるもとになっているから、それをいささかでもなおし、確かな日蓮像を復原する手がかりを得たいと思ってのことである。

❖日蓮は元寇の予言者といえるか

一八九一年(明治二四)六月一二日、東京帝国大学で開かれた史学会で、東京帝国大学編年史編纂掛《へんさんかかり》(現在の東京大学史料編纂所)に勤務する小倉秀貫《おぐらしゅうかん》が「日蓮は元寇の予言者と謂《い》ふを得《う》べき乎《か》」という題で講演をおこなった。これは翌月の『史学雑誌』(二—二〇)に掲載され、読売新聞や日蓮宗の学僧清水竜山《しみずりゅうさん》の主宰する『法鼓《ほうこ》』にも転載され、日蓮宗はもちろん、一般にも大きな反響をよんだ。

日蓮が元寇を予知して『立正安国論』を幕府に上書して警醒《けいせい》したが、幕府はこれをききいれなかったのみならず、かえって日蓮を流罪に処した。はたしてのちに予言のとおり元寇がおこった、という説が宗教家によっておこなわれ、演劇や講談でも流布して、ずいぶん世間《せけん》の耳《じ》目《もく》にふれているが、はたして史学上日蓮を元寇の予言者といいえようか、というのが小倉の問題設定であった。

　小倉の意見の要旨はこうである。まず『安国論』についてその説くところの他国侵逼難は元寇を先見し予言したものではなく、愛国の衷情《ちゅうじょう》に出たものでもない。天変地妖《てんぺんちよう》を利用して他宗を非難攻撃し、わが法華宗をもってこれに代え、自己の栄達を求めんとした平凡迂腐《うふ》の利己論にすぎない。偶然蒙古のことがおこったので、日蓮をして他宗攻撃の辞柄《じへい》（口実）を得させ、『安国論』をして元寇先見の予言と称させて後人を誤らせたのだ。日蓮は海外の形勢については何も知らなかった。『安国論』を上呈《じょうてい》して一二六八年（文永五）まで九か年の間、一言も外寇のことにおよんでいないのは、日蓮に先見の明と愛国心がなかったからである。日蓮は社会からきらわれ、その説は容《い》れられず、その法はおこなわれず、悪いと思った禅・律・浄土念仏の徒は排倒《はいとう》できず、妬心鬱勃《としんうつぼつ》として禁ずることができず、とうとうわが日本国をして蒙古のために滅亡せられんことを希望するに至った。日蓮はまた、『法華経』の敵となった人は、それが父母であっても、これを殺せば、大罪はかえって大善根となる、といっている。ともかく日蓮の眼中には、すでに国家もなく君父もない。

以上のような小倉の意見は、非常な反響をよび、当然のことながら、とくに日蓮宗側に衝撃を与えた。小倉の意見が発表された翌七月、田中智学《たなかちがく》は東京の立正閣《りっしょうかく》というところで「日蓮宗の興廃存亡実に今日にあり」「元寇予言発端」の二題をかかげて、小倉の説に反駁《はんばく》した。さらに翌八月、東京の厚生館で「日蓮聖人元寇予言史学問題本論」大演説会を開き、元寇予言論を講じて小倉の説を反駁している。これよりさき、一八八九年（明治二二）一二月、帝国大学編年史編纂掛から『史徴墨宝考証《しちょうぼくほう》』第二編第一巻が出された。そのなかで重野安繹《しげのやすつぐ》が、京都本満寺所蔵の日蓮真蹟『土木殿御返事《ときどのごへんじ》』によって、いわゆる竜口法難は無根拠で、日蓮の徒弟らが作為したものであると考証したのにたいして、田中は翌年六月、厚生館で重野説に反論する講演会を開き、九月にはその講録を『竜口法難論《たつのぐちほうなんろん》』として出版した。重野の竜口法難論とい い、小倉の元寇予言否定論といい、ともに史局（東京大学編年史編纂掛）の歴史学者からする攻撃であるとし、田中は満身の情熱をこめて反論につとめた。田中は職業的宗教家とみられることをもっともきらったが、近代日蓮教団史上どのような僧侶よりも重要な役割を果たした人物である。日蓮を国家主義・軍国主義の枠で理解する原型は田中によってつくられたといってよい。くわしいことを述べる余裕はないが、戸頃重基《ところしげもと》は『近代日本の宗教とナショナリズム』のなかで、田中の役割を「明治ナショナリズムの侵略思想に呼応して、日蓮の立正安国論と折《しゃく》伏《ぶく》思想に新しいミリタントな装いを準備したのである」と評価している。

小倉の説にたいする反論は、田中智学のみならず、他の日蓮宗僧侶によっても展開された。その代表的なものをみると、脇田堯惇《わきたぎょうじゅん》「小倉秀貫氏の妄論《もうろん》を駁《ばく》す」（明治二四年七月『法鼓』三二号より五回連載の社説）、河野日保「元寇予言に就《つい》て小倉秀貫氏の説を駁す」（同年七月『法鼓』三三・三四号）、加藤文雅「元寇予言の一事何ぞ能《よ》く日蓮大士を軽重せん」（同年『日宗新報』）などがある。これらの文献は一九三五年（昭和一〇年）二月仏教聖典講義刊行会から出版された清水竜山『立正安国論講義』にまとめて収められており、見るに便利であるが、同書の刊行年次が古く、現在ではなかなか入手しにくい。小倉の説をめぐって論争がかわされたあと、日蓮の元寇予言そのものに関するまとまった研究は、明治期にはみられず、大正期にはいって辻善之助《つじぜんのすけ》、新村出《しんむらいずる》の論が出された。昭和期にはいってからは、直接に元寇予言だけを云々《うんぬん》するよりは、蒙古問題と日蓮の宗教形成との関係という視点で、動的に把握しようという研究方向をとっている。辻・新村の論は日蓮を理解するうえに参考になる文献であるから、その要旨を紹介しておこう。小倉・辻の論は、花見朔巳《はなみさくみ》が『異説日本史』第三巻人物篇三で要領よくまとめていて参考になる。

国史学者・日本仏教史家として著名な辻の論は小倉の説に反駁したもので、その意見は次の三点にまとめられる。（一）幕府をして『法華経』に帰服《きふく》せしめようという態度はけっして卑しむべきではない。そのために元寇を予言したとしていっこうにさしつかえない。日蓮は、常人がそなえていない先見の明をもっており、一種の予言力があったことは事実である。たとえば、皇室が両派にわかれることについて早くから見とおして予言的な説を出しており、北条時《とき》輔《すけ》の乱も早くから予言している。だから『安国論』のなかにおいても、八年後におこるべき元寇を予言したと考えてよい。(二)予言は莫然《ばくぜん》としたところにこそ、その特徴がある。もし具体的に形勢がわかるのであれば、予言など不必要である。(三)『安国論』を書いて九か年沈黙していたのは、一度諌《いさ》めてしりぞけられたものを、さらに別の機会がなければ、ふたたびこれによって諌言《かんげん》を呈するのもむだであるからであろう。だから、一二六八年(文永五)になってふたたびその機会が到達したから、『十一通御状』を提出するに至ったのである。以上、辻の論は、日蓮の宗教的人格に即して内面的な理解のもとに日蓮の元寇予言を把握したものである。

いっぽう言語学者として著名な新村出の論も、「日蓮宗に縁ある一人として」内面的な理解を基盤とした立論であるが、学術的な高さはうしなわれていない。新村は、日蓮の論は経典上から導き出されたものであるとし、『安国論』のうちには国難の予言はあるが元寇の予言はなく、日蓮は『安国論』を書いたときには、蒙古のことは知らなかったと述べ、正嘉《しょうか》前後数年の天変地異は日本人全体をおそれさせ、神経過敏になっていたさい、なおこのうえの災害に遭遇《そうぐう》しはせぬかと悲観されやすい機会にあたって、日蓮は、『法華経』を信用しない限り、なおこのうえに二難がいたるであろうということを、経典上から導き出して、まず当局者に警告したにとどまるものである、とした。

❖小倉説の基本的な欠陥

小倉説にたいする反論はいろいろな角度からなされた。同じ歴史学者としての辻の反論は、予言の性格規定や日蓮の予言者的能力の面からおこなわれている。田中智学をはじめ日蓮宗側の反論は、とくに、小倉の論が、日蓮の人格批判におよんでいる部分について愛宗護法的におこなわれている。これら一連の反論が出てくる理由に、重野安繹らに代表される史局の考証主義史学にたいする批判的傾向に根ざすものがあったことも否定できない。

小倉説の、日蓮の人格にたいする価値判断的な評価は別として、従来の元寇予言についての神秘的・鑽仰的な解釈の誤りをついている点は、たしかに認められる。もちろん、宗教的世界の問題を、単純に世俗的な論理で割り切り、日蓮の『法華経』至上主義を「わが万世一系連綿たる皇統の治下に棲息《せいそく》する臣民《しんみん》の本領」から批判しているのはまったくの的はずれである。それは、人間の思想・信仰の自由を抑圧することと引き換えに「国家の繁栄」を展望する、ゆがんだ国家主義以外のなにものでもないからである。

日蓮においては、『安国論』で国難一般がいわれていたのが、蒙古国書の到来を機に、それが蒙古襲来として内容づけられたのである。小倉がその点をはっきりさせたことは、評価してよい。しかし、それをもって、ただちに、他人をたぶらかし自己を欺《あざむ》くものだと断定することはできまい。小倉の説は、歴史の真実を追求する姿勢を示しながら、結果的には、性急な性行批判に堕している。なぜそうなったのか。結論的にいって、小倉の使った史料がよくなかったのである。

小倉は行論の最初に、どのような史料をどのように使ったかを、次のように述べている。『高祖遺文録』をおもな史料として使い、かたわら『日蓮化導記』や『日蓮聖人註画讃』を参考にした。『高祖遺文録』に収める日蓮の遺文中には真贋《しんがん》の疑うべきものがあるけれども、その原本を得ることができないので、精密な調査ができない。だから『高祖遺文録』に収めている日蓮遺文はすべて真蹟であるとみなし、これを使用した、というのである。

日蓮遺文に史料批判を加えることなしに、『高祖遺文録』所収のものすべてを真蹟であるとして取り扱い、かたがた『註画讃』のような誤りの多い鑽仰的な後世の編纂伝記のたぐいを参考にしたというのであるから、また何をかいわんやである。小倉が、その論文に主として使用している日蓮遺文は、さきほど、偽書であることをこまかに述べた『十一通書』で、日蓮が書いたものとしてまちがいないものとしては、わずかに『安国論』しか使っていない。

前に述べたように、『十一通書』を使えば、日蓮の行為が嫉妬《しっと》憤怒《ふんぬ》からおこったものであり、日蓮は卑劣な小人であるという批判が出てくるのは当然であろう。日蓮をたたえるべく作為された史料が、実は日蓮の実体を誤ったものであったのであるから、それを利用するものが、日蓮を誤らないのはむしろおかしい。ともあれ、小倉の論は、日蓮の元寇予言を実証的に否定しようとしたもので、それなりに日蓮の言説の実体に迫る方向性をもっていたのであるが、使った史料がよくなかったから、本筋でもなく、また正確でもない日蓮の性行批判に落ちるという逸脱ぶりを示す結果になったのである。それは当時の日蓮遺文の文献学的研究の未発達に応ずるもので、一面、仕方のないことであった。

小川泰堂《おがわたいどう》の『高祖遺文録』は、当時としては、日蓮遺文収集の最高の成果ではあったが、小倉もいうように、真偽をいちいち確かめて集成したものではなかった。史料批判の学問的用意のもとに日蓮遺文が集成されるのは、一九五九年（昭和三四）に刊行をみた『昭和定本日蓮聖人遺文』（全四巻）をまたねばならなかった。小倉の段階からみると、現在では、日蓮遺文の文献学的研究は、いちじるしい進歩をとげている。しかしそれでもまだ、日蓮の実体を完全に把握できるまでの達成を示しているとはいえない。しかし、すくなくとも小倉のような誤りをくりかえすことはあるまい。

おもいあう祈り

❖信奉者の増大

『十一通書』の説明のところで、一二六九年（文永六）のものとみたがよいと思われる『金吾殿御返事』を引き、それが含んでいる問題の前半について述べてみた。残る問題について述べていこう。

一二六八年（文永五）にひきつづき、翌年一一月ごろ、日蓮はふたたび前年と同じことを方々へ申し送った。前年とことなり、こんどは多少の手ごたえがあった。このような情勢の変化のなかに、人の心がやわらいで、自分の主張に共鳴してくれる人がおいおい増してきていると、日蓮にはうけとられた。一二七〇年（文永七）一二月二二日の『上野殿母尼御前御書《うえのどのははあまごぜんごしょ》』にも「当時は蒙古の勘文（『安国論』）によって世間やわらぎ候なり」といっている。「又《また》、上《かみ》のけさん（見参）にも入て候やらむ」とあるのは、為政者つまりは北条氏も、自分（日蓮）の意見を聞く態度を示しはじめたと推測される、という意味であろう。日蓮のいうことを「さもや」と思ってくれる人が増してきたということは、現実に、日蓮をささえる信徒層が増大していることを物語るものである。

念仏・禅にたいする批判や排撃は、何も日蓮をまつまでもない。叡山をはじめ旧仏教側からのそれは、広範で根強いものであった。日蓮もいちおうはこの系列に属する。ただ、日蓮のばあい、『法華経』至上主義のもとに、国土の災害と外寇の危機という条件のなかで、念仏・禅の興隆を捨身に批判したところが本質的にちがうのである。その結果、日蓮の主張を「さもや」と思う連帯者・信奉者がその周辺に組み上げられていった。

この期に集まってきた信徒のなかには、日蓮の説くところを信仰構造全体で受けとめて信奉するものもあっただろうが、部分的な共感で信奉するものもあったろう。しかしそれにもせよ、この期の入信者には一定の共通の動機があった。前の説明をくりかえすことになるが、それは当時の、はらってもはらいきれぬ深刻な外寇の危機感である。その解決の方向を、最高規範としての信仰の世界において、日蓮は力強く、文字どおり命をかけて示したのである。

そこでは、日蓮の言説の系譜が旧仏教にあることなど、すでに問題ではない。古いもののなかに確かな正しさを発見し、それを時代の問題状況のなかで激しく生かしていくところに、日蓮の真価があった。それこそが、信奉者の創出・拡大の契機であったのだ。とにかく、幕府の重要な地位にある者も日蓮の言説に耳をかたむける気配を示してきた。日蓮は前途に明るさを

四条金吾頼基の屋敷跡　今はその地に収玄寺が建っている。（鎌倉市）

覚えた。

もう一度、さきの『金吾殿御返事』に返ろう。右の言葉にひきつづいて、これほどの強い言葉を吐いたのであるから、流罪《るざい》か死罪かにされるであろうと覚悟していたのに、いままでそのことがないのは不思議である。日本はいま念仏・禅が興隆して天台法華宗はゆるがせにされているから、国を守る善神も日本を去った。十中の八、九、日本は蒙古のためにほろぼされるかもしれない、と述べ、

> この世に人間として生をうけた。『法華経』に出会うことができ、念・禅等の邪師にあうことをまぬがれた。命におよぶ迫害を覚悟して、日本をおおっている邪法を退けよと主張しつづけてきた。今だに死罪におこなわれないのは本意でない。そうなるようにとはげんで方々に強言を書き送った。年もすでに五〇におよんだ。余命いくばくもない。むなしく曠野《こうや》

に捨てる身を、同じことなら一乗法華のかたに投げて、求法《ぐほう》の代表ともいうべき雪山童《せっせんどう》子《じ》・薬王菩薩《やくおうぼさつ》の跡を追い、護法の代表ともいうべき仙予王《せんよおう》・有徳王《うとくおう》に従うものとしての名を後代にとどめて、これらのことを説く『法華経』、『涅槃経』の教説を身に体現し、二経に説き入れられることを願うものだ。

と述べている。人間として生まれたことのよろこび、正法にあった歓喜、正法を信ずるがゆえの強言、年もすでに五〇になろうとしている（日蓮はこのとき四八歳）、正法のためには命もすてよう、という。人間は概《がい》して年を経るにしたがい、価値的な世界に生きることをより強く志向するものである。とくに宗教という絶対価値に生きること以外何も願わなかった日蓮にとって、正法にあえたことの歓喜は、そのことによって、よし死ぬようなことがあったとしてもむしろ永遠に生きるよろこびがある、というところまで、自分を宗教的に結晶させていたのである。

一回限りの人生を、同じ死ぬなら正法のために自分を投げ入れよう。雪山童子は半偈《はんげ》（偈は仏の功徳をほめたたえる詩のことで四句からなる）をきくために飢えた羅刹《らせつ》（悪魔）に身を与えようとし、薬王菩薩は仏を供養するために自分の臂《ひじ》をもやした。ともに求法の極致を示すものである。仙予王・有徳王は、仏教を護るために身を堵《と》した護法の権化《ごんげ》である。高木豊のひそみにならっていえば、日蓮は求法と護法がもっともきびしく交錯するところに、その命をおいていたのである。死を堵した謗法断罪《ほうぼうだんざい》の戦闘的宗教者の姿がここにあった。

❖すぐれた馬に鞭《むち》をあてる

一二六九年（文永六）のものといわれている五月九日付けの日蓮の書に『問注得意抄《もんちゅうとくいしょう》』というのがある。下総《しもうさ》の武士信徒富木常忍《ときじょうにん》ほか二人にあてたものである。ほか二人というのは、伝説では大田・曽谷両氏のことであるといわれている。問注というのは審問注記の略語で、訴訟裁判上の原告・被告の意見を質問注記して裁断するという意味である。中世では現在のような弁護士がいるわけではないので、裁判の当事者は自分で対決弁論をしなければならなかった。

同書は訴訟のため法廷にのぞむにあたっての心構えを、次のようにこまかく示したものである。

裁判所にはいったら、知人であっても傍輩《ほうはい》に向かっての雑言《ぞうごん》をしてはいけない。原告・被告両方召し合わせのとき、担当裁判官が原告の訴状と、被告のそれにたいする陳状《ちんじょう》とを読むばあいは、なにごとにつけても奉行人の質問以外は一言も言ってはいけない。たとえ訴訟の相手方が自分に悪口を吐いても、一、二度までは聞かないふりをし、三度におよぶときは、顔色を変えず、あらい言葉を出さず、やわらかい言葉で申すべきである。あなたたちは、おのおの一所の同輩であるから、利においてはまったく遺恨はないのであるとの由《よし》を申さるべきであろう。また、供《とも》の雑人らによくよく禁止を加えて、喧嘩《けんか》におよぶことのないようにしなさい。これらのことは手紙では尽くしがたいので、心をもっておくみとりいただきたい。このようなことはすでに十分ご承知のことではあるが、駿馬《しゅんめ》（よい馬）に鞭うつのことわりもあるから、あえて申し上げる次第です。

雑言・悪口の制止についてこまかい注意をしているが、これは当時裁判の進行にあたって幕府がもっとも意を用いたところである。『御成敗式目』第一三条には、問注のとき悪口を吐いたら、系争地を相手方に引き渡すか、他の所領を没収すると決めてあった。以上のように、『問注得意抄』は問注の実際についてこまかい注意を与えた実地手引きともいえるもので、まことにゆきとどいたものである。合法的に、かつ裁判技術の面でも手落ちのないようにと、こまかい指示を与えたものである。

富木常忍（日常）の像（千葉県市川市：中山法華経寺）

　富木常忍は下総の守護家《しゅごけ》千葉氏の執事《しつじ》として家産事務処理上、問注の公廷にのぞむことは稀《まれ》ではなかったと思われる。

その富木氏に、駿馬に鞭うつことわりもあるからといって、あえてこまかい注意を与えているところに、ゆきとどいた日蓮の人柄と、幕府法の実地適用についてくわしかった側面とがうかがえる。これは、日蓮が故郷の安房《あわ》で荘官的機能を果たしていた経歴のしからしめるところであったろうし、こんなところが、地頭的領主層をなまに把握していく理由になっていよう。

❖三事相応して一事を成す

ところで、この問注はどのような内容のものであったのか。同書からその具体的なことを引き出すのは困難である。一二七一年（文永八）五月のものといわれる三位房あての『十章抄』の末尾には『問注得意抄』と関連のありそうな記事があり、問注が得宗被官で侍所の所司である平頼綱の手で取り扱われるようになったとみえている。三位房は富木氏の養子であったという説があり、両書の間には関係があるのかもしれないが、くわしいことはわからない。問注の内容にいくらかでも迫りうるのは、実は『問注得意抄』の最初と最後の部分である。

最初のところでは、召し合わせ問注の由を聞いた日蓮が、富木氏らにたいして、あなたたちの思うところのようであるならば、きわめて稀《まれ》な機会で、まことに一期《いちご》の幸いというべきである、と述べている。これは、直接には、身の正しさを証明できるのは、裁判をおいて、それ以外にはない、という意味である。法（『御成敗式目』）の普遍性・妥当性にたいする信頼の念をうちあけたものといえよう。日蓮は、自分の行動が法の枠内で合法的であり、なんらはじると ころがなければ、裁判官にたいしてへつらう必要などは毛頭ない、という信念をもっており、法——『御成敗式目』の安定性・絶対性にたいして信頼をよせていた。このことは、日蓮が北条氏の権力を是認していたことを示すものである。日蓮にとって『御式目』を破るということは、とりもなおさず人倫的全秩序にたいする否定を意味していた。

最初の部分は、たしかに法の普遍性・妥当性によせる信頼の言であるが、それをとおして読みとられるのは、この問注が単なる民事裁判のたぐいではなく、信仰の問題か、あるいは信仰とわかちがたく結ばれた問題に関するものではないかということである。蒙古国書の到来を機とする日蓮の言動は、前に述べたとおりである。富木氏らは日蓮をもっとも強くささえる武士信徒である。それに、この周到をきわめた書を重ね合わせてみると、右のような理解が出てくる。この理解をより強くさせるのは、同書の最後の部分である。

此等《これら》の嬌言《きょうげん》を出すこと、恐れを存すと雖《いえど》も、仏経と行者《ぎょうじゃ》と檀那《だんな》と三事相応《そうおう》して一事を成さんが為《た》めに愚言を出す処なり。

日蓮にとって仏経＝法華経は、日蓮（行者）をささえる信徒（一教団）だけではなく、全人類的な規模で志向された宗教的・世俗的なありようの根本原理であるが、これをこの時点でまず提示しているところに、この問注が信仰にかかわるものであることを示している。それを身と心に行ずる導師と、その教えを自己の不動の指針としてうけとめ定着させる檀那（信徒）と、この三者が深く結び合わなければ事はなしとげられない、といっているのである。このようにして成就《じょうじゅ》された一事は、それこそ絶対のものであろう。一二七七年（建治三）に書いた『四条金吾殿御返事』に、

だんな（檀那）と師とをも（思）ひあわぬいのりは、水の上に火をたくがごとし。

といっているのも、同じ意味である。宗教教団が、きわめて高い精神的欲求（信仰）を満足させるために形成された集団であるという本質を、このうえもなく的確に示した表現である。ところで、裁判技術だけの注意であれば、それは世俗的問題の世俗的教導で、無料法律相談とさほどえらぶところはない。『問注得意抄』は、中世の法史料としてたいへん貴重ではあるが、技術・知識だけの程度であれば、日蓮の裁判技術や法知識がいかに豊富でも、裁判所の今日的風景と、本質的にかわりはない。精神共同体のなかでの導師と信徒との関係はそれだけで終わる体《てい》のものであるはずはない。前記同書の末尾の言は、まさに千鈞《せんきん》の重みがあるといわねばならぬ。争訟というような、人間の利害関係のもっとも鋭く交錯する場面で、『法華経』による根本信が、その解決の指針とされており、人間行動の基盤に絶対信があれば、それぞれの場面に応じて道が開けるということを示したものである。

この世俗的教導と宗教的教導とのみごとな一体化は、蒙古国書の到来後における日蓮の言動

をささえるものにたいするなんらかの圧迫があったから、争訟になったのだという視点を挿入することによって、より鮮明な理解がえられる。

❖大師講

一二六九年（文永六）六月七日、日蓮は富木常忍にあてて手紙を書いた。「今月の大師講《だいしこう》の当番は明性房《みょうしょうぼう》ですが、今月はさしつかえがあるそうです。他の人でかわっていただける人があったら申し送ってくれとのことです。あなたから連絡してください。あなたがさしつかえるようでしたら他の人へ申します」。また同年一一月二八日、日蓮は大田乗明にあてて手紙を書いたが、その最初に「大師講を営む費用の銭（鵝目《がもく》）五連をちょうだいしました。この大師講は三、四年前から始めていますが、今年はその第一番に多数集まりました」と書いている。

両方とも大師講に関する手紙である。あとの手紙で、一二六四年（文永元）のいわゆる小松原法難のあと、翌年か翌々年ごろから大師講を営むようになったことが知られる。その時点での大師講は、房総（千葉県）巡化《じゅんけ》（まわって布教をすること）の間のことで、布教の対象からいって、下総の守護家千葉氏の被官や在地の地頭領主層の同信結合を強化する役目を果たしていたと考えられる。蒙古国書到来後の大師講は、その性格がかなりかわってきている。もちろん、天台大師智顗《ちぎ》（五三八〜五九七）の没した霜月《しもつき》（一一月）二四日にちなんで、毎月二四日を講会《こうえ》の定日として天台大師の講説を中心に講会を営むという基本的性格はかわらない。

前の手紙から、大師講が、僧俗をまじえて毎月輪番におこなわれ、一回の費用が銭五連ほどであったことが知られる。銭のことを鵝目といっているが、銭の中央の穴の形が鵝鳥《がちょう》の目に似ているところからつけた銭の雅名《がめい》（よい名まえ）である。佐渡に配流されていたときも、弟子の日昭《にっしょう》にあてて「大師講をおこなうべし」と指示しており、身延《みのぶ》入山ののち、晩年に至るまで大師講を営んでいる。毎月恒例の大師講では、天台大師智顗の絵像を安置し、その前で日蓮を中心に、天台宗所依《しょえ》の経典である『法華経』や天台大師の述作である『摩訶止観《まかしかん》』などの講説がおこなわれた。

弟子・信徒らは毎月恒例のこの講会で、日ごろいだいている信仰上の疑問を日蓮に問い、日蓮は弟子・信徒の性別・身分・能力等に応じてその信仰を説き明かしたであろう。そのことによって日蓮は自分の信仰構造をいっそうはっきりさせ、手紙や文章に定着させていったと思われる。日蓮の宗教活動をみるばあい、大師講は日蓮と弟子・信徒との信仰問答の結び目として重視しなくてはならない。日蓮は教理・信仰を説き明かすのに、過去・現在の事実をとおして相手の納得を求めるという論証の方法をとっているから、蒙古国書到来直後のこの時点では、とくに蒙古問題が信仰問答のなかで大きな比重を占めて語られたと想像される。蒙古問題に関する情報の交換、信仰の立場から外寇にどう対処したらよいのか、そんな議論が講会の席上で沸騰《ふっとう》したことであろう。

その意味で、さきの一一月二八日の大田乗明あての手紙に「止観五、正月《むつき》一日よりよみ候て、現世安穏後生善処《げんぜあんのんごしょうぜんしょ》と祈請《きしょう》仕候《つかまつり》」とあり、同年一二月二二日の『上野殿母尼御前御書』に「止観第五之事、正月一日辰時此《たつのときこれ》をよみはじめ候。明年は世間怱々《そうそう》なるべきよし皆人中《もうす》あひだ、一向後生《ごしょう》のために十五日まで止観を談《たんぜん》とし候が」云々《うんぬん》とあるのは注目される。ひたすら現世安穏・後生善処を念じて『摩訶止観』の第五を正月一日から読んだ、というのである。これは、さきの大師講における『止観』の講説と無関係ではあるまい。

『摩訶止観』は、『法華玄義《ほっけげんぎ》』『法華文句《ほっけもんぐ》』と並んで天台三大部といわれ、同じく天台大師智顗の著作である。『玄義』は妙法蓮華経の五字の経題の意味を解説したものであり、『文句』は『法華経』八巻の文々句々を注釈したものである。この両者が『法華経』の教理的・思想的な解説であるのにたいし、『止観』は実践と修行の立場から『法華経』を解釈したものである。その巻第五は実修の方法そのものを示したものである。

一二六四年(文永元)一二月一三日の『南条兵衛七郎殿御書《なんじょうひょうえしちろうどのごしょ》』には、『法華経』を軽んじて念仏を尊重するのを『止観』の巻五の「瓦礫《がれき》を貴《とうと》て明珠なりと申す」という語を引いてたとえにしている。『摩訶止観』を読んで、現世安穏・後生善処と祈っているのだという説明は、大田氏へだけでなく、毎月恒例の大師講で、僧俗の講衆(営講のメンバー)にも述べられ、日蓮を同心円にして、日蓮をめぐる人々へ語り伝えられていったことであろう。

現世安穏・後生善処という言葉は、この世に生きているあいだは安穏にくらし、死んだら浄土に生まれたい、という意味である。『法華経』の薬草喩品《やくそうゆほん》にみえるが、仏教信奉者のあいだではよく知られ、そう願われた普遍的な信仰である。この時期にとくに現世安穏・後生善処が法華信仰の枠のなかで、日蓮や日蓮をめぐる人々によって強く願われたのはなぜか。いうまでもないことであるが、蒙古襲来の深刻な不安が、普遍的な願いを特殊的なものとしてより強くそう願わせたのである。蒙古襲来の不安からの脱出、これが当時の日本人の共通の熱願であった。『法華経』薬草喩品の一節が、蒙古襲来の危機の現実と相応じて生ける息吹きを与えられたのである。

この後生善処の信仰は、佐渡に流されてから確実にみえはじめる霊山浄土《りょうぜんじょうど》の信仰へ橋渡しをしたものとして見のがせない。日蓮の霊山浄土の信仰は文永・弘安の役と、外寇による日本の危機的状況が進行・深化するなかでいよいよ強いものになっていく。そのことはまたあとで述べよう。

Ⅲ

文永八年の法難

日本国は釈尊の所領

❖釈尊御領

『法華経』第三譬喩品《ひゆほん》には「火宅《かたく》の譬喩」が説かれているが、そのなかに仏陀《みだ》の誓いとして「今、この三界は、皆、是《こ》れわが有なり。その中の衆生《しゅじょう》は、悉くこれわが子なり。しかも、今、この処は、諸の患難多し。唯われ一人のみ能く救護をなす」という言葉がある。この言葉は日蓮によると、仏陀は人間一般にとって主・師・親であり、物みな仏陀の有であるから日本国の所領は仏陀の所有である、と解釈された。

この考えは日蓮の国土観＝国家観をもっとも明瞭に示すものとしてたいへん重要である。日蓮の右の考えを日蓮自身の要約的な表現で示すと、日本国六六箇国島二つの大地は「教主釈尊の本領」であり「釈迦《しゃか》統領の国土」である。万有の根源的所有を釈尊に帰一させる日蓮のこの考えは、日蓮自身の用語に従い「釈尊御領」とよばれている。

この考えが『法華経』に根拠をもつことはさきに述べたとおりである。それを強くおし出させ、日蓮の信仰を仏教――『法華経』至上主義にもえたたせる直接の契機があった。いうまでもなく念仏の流行である。すなわち、主・師・親の三徳を兼ねそなえた教主釈尊をさしおいて、一徳もない阿弥陀仏《あみだぶつ》を、一国こぞって郡・郷・村・家ごとに立てならべ、「南無阿弥陀仏《なむあみだぶつ》」と阿弥陀仏の名号《みょうごう》を一日に六万遍《べん》・八万遍などと称える、という状況であった。阿弥陀仏より釈迦仏を、というのは仏教信奉者としては本源的要請であろう。

日蓮のばあい、それは念仏より『法華経』を、という背景にささえられていた。念仏の盛行は現実には、旧仏教に寄進されていた所領が念仏領として奪い寄せられるという状況の進行をともなった。天台僧としての日蓮にとって、念仏の盛行による山門領の急激な減退は、まさに、堪《た》ええないところであった。天台僧としての日蓮にとっては、それは、山門領――釈尊御領の侵奪《しんだつ》以外のなにものでもなかったからである。

釈尊御領の考えは、『法華経』に根拠をおくものであったが、この発想が深化・定着するのには、それなりの現実的契機があった。それを知る手がかりになるのは、一二六九年（文永六）のものといわれている『法門可被申様之事』である。市村其三郎は同書を文永七年のものとしている。とにかく蒙古国書の到来後間もなくの書である。同書は「仏法の滅不滅は叡山にあるべし」という天台僧としての立場から、釈尊御領の考えをあふれさせていて、この期の日蓮の世界観・国土観をうかがうのによい材料である。

日蓮は同書のなかで。こういっている。梵天帝釈《ぼんてんたいしゃく》などはわれわれの父である釈迦如来《しゃかにょらい》の所領を預かって、正法《しょうぼう》の僧をやしなうべき者をそれにつけている。仏法を守護する毘沙門天《びしゃもんてん》などの四天王は、人びとの住む世界（四州＝四天下《してんげ》）の主で、いわばこれらの門守《かどまも》りである。四州の王たちは四天王の所従《しょじゅう》（家来）である。ましていわんや、日本の王は四州の転輪聖王《てんりんじょうおう》の所従にもおよばない、単なる島の長でしかないのだ。

釈尊↓四天王↓四州の王↓日本の王という統領系列によって、釈尊御領が統属的に預けられているとする世界観・国土観である。要約していえば、俗権は仏法に還元されてのち、はじめてその存在価値が認められるという仏法至上主義の論理である。この国土観に関してすぐにおもい合わされるのは、当代社会の基礎構造をなす荘園制である。

荘園では最上級の領有者として本所《ほんじょ》・領家《りょうけ》がおり、荘務は預所が荘官らを指揮してとりおこなわれていた。譬喩的にいえば、本師釈迦如来が本所に対応し、預所が守護の善神に対応している、ということになる。山門領に即していえば、本所は現実には天台座主《ざす》であるが、それは日蓮にとってみれば最澄《さいちょう》にまでさかのぼるものであり、信仰の系譜からいえば、さらに釈尊にまで還《かえ》るものである。

仏寺領は釈尊御領だとする観念は、多かれ少なかれ、各仏寺領に共通のものであり、神社領で榊《さかき》を立てて神社領として不可侵性を標示したものと同じような観念にもとづくものであったといえる。日蓮のばあい、それは『法華経』にもとづく確信であったのである。さらに、安房国で荘官的機能を果たしていた日蓮にとってみれば、この発想は必然のものであったといえよう。当代における荘園制――山門維持の論理は『法華経』を媒介にして日蓮に釈尊御領の考えを鮮明に定着させた。

❖この身はどうなってもよい

釈尊御領の一部である日本は、念仏の盛行によって阿弥陀仏の所領になりつつあり、この国土を守る善神たちはそのために謗法《ほうぼう》の国土を捨てた。いわば預所が荘園の荘務を投げすてたようなものである。わが国には、わが国を領知する人がなくなった。空屋《あきや》になったようなわが国が、他国の侵略をうけやすいのはあたりまえである。大蒙古国＝隣国の聖人はわが国の謗法をためそうとしている。謗法がそのままであれば、わが国はまさしく滅亡するであろう。「叡山の仏法滅せるがゆえに異朝我国をほろぼさんとす」、これが日蓮の信仰構造をとおして把握された日本の現状であった。『安国論』に集約的に表現された「善神捨国」論は、釈尊御領の観念と互いに深く関連し、霊山浄土を期する信仰方向をとった。換言すれば釈尊御領―善神捨国―霊山浄土は、日蓮の信仰の環を成すものであった。

この釈尊御領の考えが高まってくるのは、蒙古の国者が日本にもたらされたからである。もともと『法華経』にもとづくものであるから、これ以前にその考えがあったことはいうまでもないが、内容的に力点のおかれ方が、国書到来を機にして変化している。蒙古の国書が到来する以前は、『法華経』のうちどちらかといえば、「その中の衆生は、悉くこれわが子なり」に力点がおかれ、そのために釈尊の主・師・親としての三徳が重視されていた。国書の到来とともに、国土が侵される危機が現実のものとなり、「この三界は、皆、是れわが有なり」という所領観に力点がおかれるようになった。念仏・禅の盛行につれて護法の善神が国を捨て、実質「釈尊御領」でなくなっている謗法日本は、現実に隣国から侵され、滅ぼされる危険にある。だから「国をたすけ家をおもはん人々は、いそぎ禅念の輩を経文のごとくいましめらるべきか」という決断に迫られるのである。いうべきか、いうまじきか、と初めはためらったが、「一切衆生の父母たるべき仏教者が、仏の仰せにそむいてはならぬと思い返し、「我身こそ何様《いかよう》にもならめ」と決断して念・禅の排撃に立ったのだ。日蓮の後年の回想であるが、蒙古国書の到来を機に、釈尊御領観にささえられて、念・禅排撃に確信を強めたありさまを手にとるように伝えるものである。

以上のような釈尊御領観に裏打ちされた日蓮とその信奉者の専持法華の高揚は、当然のことながら他宗教の反撃をうけ、権力の弾圧を被ることとなった。

❖行敏《ぎょうびん》の訴状

日蓮遺文のなかに、一二七一年（文永八）に書いた七月八日の『行敏御返事《ぎょうびんごへんじ》』、それにたいする七月一三日付けの『日蓮返状』、および同年中のものといわれる『行敏訴状御会通《ごえつう》』とが収まっている。蒙古国書到来ごろから、いわゆる文永八年九月の竜口《たつのくち》法難までの間の日蓮とその信徒との動向がうかがわれ、竜口法難に至る経路が明らかにされる。

行敏は、鎌倉長楽寺の智慶《ちけい》（隆寛の弟子）の弟子で乗蓮《じょうれん》といい、智慶の没後は然阿《ねんあ》良忠《りょうちゅう》の弟子になり、鎌倉扇ヶ谷《おうぎがやつ》の浄光明寺に住したといわれる。浄光明寺は、念仏信者の北条長時《ながとき》（重時の嫡子《ちゃくし》）が真阿《しんあ》に帰依《きえ》して創建した寺である。同寺に所蔵する真阿の譲状によると「当寺は、根本、善導大師の遺誡《ゆいかい》を慕う持戒念仏《じかいねんぶつ》の寺なり」とある。真言・律・禅・浄土の四宗兼学であった。また、忍性《にんしょう》が同寺の所務に関与していた。行敏と良忠・忍性との関係はおのずから明らかである。

七月八日、行敏は日蓮に手紙を送り、その宗義に四点の不審があるとしてこれを批判し、応答を求めた。（一）釈尊が法華経以前に説かれたいっさいの諸経はみな妄語《もうご》で迷いの多い世間を離れる法ではないと説いていること。（二）大小の戒律は世間をたぶらかしまどわして悪道におとさせる法であると説いていること。（三）念仏は無間地獄《むげんじごく》の業《ごう》であると説いていること。

（四）禅宗は天魔《てんま》の説で、もしこれを行ずる者は悪見を増すと説いていること。以上の四点で、もしこれが事実であるならば、問答をしてその悪見を破らん、と申し送ったのである。七月一三日、日蓮はこれにたいして返事を出し、私の問答ではだめである、幕府への上奏を経て是非を決しようと答えた。行敏の手紙のなかに、日蓮の念・禅・律にたいする批判と、その反応がみられる。だが、明確な真言宗批判はまだあらわれていない。

行敏の手紙の宛名が「日蓮阿闍梨御房《あじゃりごぼう》」となっている点は注目される。一二五九年（正元元）にかけられている『十住毘婆娑論尋出御書《じゅうじゅびばしゃろんたずねいだしごしょ》』の返事の宛名が同じく「日蓮阿闍梨御房」となっていることも思い合わされる。竜口法難直前、日蓮は他宗僧侶から、明白に天台宗僧侶としてみなされていたのである。

日蓮から「私の問答はおこないがたい」との返答をうけた行敏は、幕府に訴状を提出して日蓮を訴えた。『行敏訴状御会通』では、良観（忍性）・良忠・道教らの訴えとみている。さきに述べた良忠・良観（忍性）と行敏との関係からみて、行敏が良忠・忍性の代官（雑掌《ざっしょう》）として日蓮を訴えたとみられる。行敏は浄光明寺の寺務を取り扱う雑掌であったと考えられる。『行敏訴状御会通』は、この行敏の名による良観（忍性）・良忠・道教の訴状にたいして、日蓮が一つ一つ反論を加えた陳状である。同書の内容を検討していきたいが、その前に良観（忍性）・良忠・道教がどのような人物であったかを説明しておこう。

極楽寺（鎌倉市）

❖忍性・良忠・道教

忍性（一二一七～一三〇三）は、南都《なんと》戒律《かいりつ》の復興者である西大寺《さいだいじ》叡尊《えいそん》の弟子である。叡尊は金沢《かねさわ》実時《さねとき》の招きで鎌倉に下り、北条氏その他の上層武士に戒《かい》を授けている。忍性は、日蓮の京都方面留学が終わろうとする一二五二年（建長四）、関東の地に戒律復興運動をおこなうために下向し、常陸（茨城県）の三村寺にあること一〇年。一二六二年（弘長二）ごろ、北条業時《なりとき》が創建した鎌倉多宝寺《たほうじ》に住して鎌倉布教に従った。一二六七年（文永四）、北条重時の創建にかかる極楽寺に招かれ、以後三七年にわたってこの寺に住んだ。

忍性の宗教活動は戒と祈禱においてあらわれるが、全国的な規模にわたる社会救済活動はとくに知られているところである。南都における叡尊と呼応して忍性が鎌倉で異国降伏の祈禱にぬきんでたことも、西大寺一門の律《りつ》宗《しゅう》が禅宗とならんで鎌倉で盛行した大きな理由である。その社会救済事業も、蒙古襲来にそなえての臨戦体制下で、幕府の内政をおぎなう役割を果たしたから、幕府の庇護《ひご》をうけ、活発な展開をみせたのである。忍性は、日本の全人民から生身の如来《にょらい》と仰がれたという。

忍性はたしかに、物質的自然に積極的にはたらきかけることによって、人々に奉仕した宗教家として、東洋ではまれな存在である。専持法華の信仰を確立すれば、つまり信仰プロパーで国土は安穏になるとした日蓮とはまことに対照的だといわねばならぬ。日蓮の律宗――忍性批判についてくわしくふれる余裕はないが、日蓮によれば、末法無戒の世にあって『法華経』を保つことが、真の持戒である。忍性批判はこの立場からなされたのである。なお忍性批判の根底には、日蓮が天台僧として延暦寺で戒を受けていたことがあった。

良忠（一一九九～一二八七）は然阿弥陀仏《ねんあみだぶつ》と号した。日蓮は念阿とあてている。浄土宗鎮西《ちんぜい》派《は》の祖、聖光房弁長《しょうこうぼうべんちょう》（のちに弁阿《べんあ》という）の弟子となった。聖光は称名念仏の多念専修を主張し、念仏諸行いずれにも往生を許し、天台的立場に立っていた。聖光の弟子良忠はさかんに著述をして記主禅師と称され、師説を喧伝《けんでん》し、一派の教学を大成した。鎮西派では法然を元祖とし、聖光を二祖、良忠を三祖とする。

北条氏の一族大仏朝直《おさらぎともなお》は良忠に帰依し、鎌倉佐介谷《さすけがやつ》に悟真寺《ごしんじ》を建てて住まわせた。現在、鎌倉市材木座にある光明寺は、開山を良忠、開基を北条経時《つねとき》と伝えるが、これはもと蓮華寺《れんげじ》と

光明寺（鎌倉市）

いった寺である。光明寺にある一三二五年（正中《しょうちゅう》二）の記録によると、佐介谷のもとの悟真寺は今は蓮華寺と号すとあるから、悟真寺→蓮華寺→光明寺と理解される。良忠は鎌倉にあること前後二九年、おおいに鎮西義《ちんぜいぎ》を宣《せん》揚《よう》した。東国における浄土宗の弘通《ぐつう》は、良忠の力によるところがきわめて多い。一二八七年（弘安一〇）七月六日、八九歳で没した。

道阿＝道教は弘長～文永（一二六一～七五）のころ、鎌倉名越《なごし》の新善光寺に別当として住み、北条氏一門名越氏の帰依をうけていた。法然晩年の弟子、覚明房長西《かくみょうぼうちょうさい》の弟子である。長西は法然が捨てた、諸行を本願行と主張した人物として知られる。『浄土伝統総系譜』や『法水分《ほっすいぶん》流記《るき》』等によると、道教は兼ねて台教を談じ、また思円《しえん》（叡尊）について具足戒《ぐそくかい》を受け、一二八七年（弘安一〇）七月八日に没したとある。一二六二年（弘長二）の『関東往還記』によると「念仏者の主領」といわれていた。

教義的には浄土宗僧侶として九品寺《くほんじ》流の諸行本願義を奉じ、天台宗的傾斜が強く、叡尊から受戒していたのである。叡尊を介して弟子の忍性とも親しかったと思われる。道教の弟子性仙は、さきの浄光明寺に住み、竺仙梵僊《じくせんぼんせん》から「海東の律竜《りつりゅう》」とたたえられたほど、律に通じていた人である。明恵の意見に従って法然の『選択集』を批判したというのもおもしろい。

日蓮を訴えた忍性―良忠―道教―行敏の宗教的・人間的結合関係は、以上のように密接なからみ合いをもっていた。

法華一揆はなぜおこったか

❖『行敏訴状御会通』

忍性・良忠・道教らの訴えと、これにたいする日蓮の反論はどんなものであったか。以下、『行敏訴状御会通』をもとにして検討を加えてみよう。訴状は一〇項目にわたっている。第六までは、日蓮の念仏・禅・律にたいする教理的批判を非難したものであり、第七以下は日蓮を信奉する人々の行動を非難したものである。

訴状の第一にあげているのは、八万四〇〇〇の法門といわれる仏教のなかの一つだけを認め、その他はすべて否定する日蓮の主張は当たらないということである。これにたいする日蓮の反論はこうである。良忠らが自分を「一を是《ぜ》とし諸を非《ひ》とする」ということで非難するのは、中国唐代の道綽《どうしゃく》（五六二〜六四五）およびその高弟の善導《ぜんどう》（六一三〜六八一）、日本の法然ら浄土教の本師三人の専修念仏の所説に相違するものではないか、忍性も良忠の主張に賛成しているが、それを正しい主張だと考えているのであろうか。

訴状の第二は、日蓮がひとえに『法華経』一部に偏して他の大乗《だいじょう》の教えを誹謗《ひぼう》する点、第三は、『法華経』以前の諸説はみな妄語《もうご》であると説いている点を非難している。第二については、『無量義経』や『法華経』の経文に出るものであって日蓮がかってに述べた意見ではないこと、第三についても同様の経文および『涅槃経』、天台大師の釈などをあげて日蓮の私言でないことを述べている。

以上は日蓮の専持法華の立場を非難したものであるが、そこに良忠の「諸を是とし一を非とする」諸行本願・諸行往生の立場が明らかに示されている。良忠のこの立場が、専修念仏を本旨とする祖師法然の教えから本質的にずれていることを、日蓮は鋭く指摘している。法然の宗教の神髄《しんずい》である専修性は、鎌倉におけるその門流の良忠にではなく、むしろ日蓮によって代位・継承されているといっても過言ではない。

鎌倉における仏教は、妥協的な立場に立つ鎮西派の浄土宗だけでなく、他の諸宗も、何宗兼学の雑修性を属性としていた。律僧の忍性が、良忠の主張に賛成していたことなど、むしろあたりまえの現象であったといってよい。それだけに、日蓮の専持法華の高唱が鎌倉の仏教界に与えた衝撃は、想像以上のものがあったと考えられる。竜口法難を考えるさい、この衝撃のもつ意味は重く見なければならない。

第四には、日蓮が念仏は地獄におちる所業と批判していること。第五には、同じく禅宗を天魔の説と批判していること。第六には、大小の戒律は世間をまどわす法であると批判していること、をあげている。一二七一年（文永八）一〇月二二日、佐渡配流の途中、富木常忍にあてた『寺泊《てらどまり》御書《ごしょ》』のなかに、「或人《あるひと》日蓮を難じて云《いわ》く、機を知らずして麤《あら》義を立て難に値《あ》うと」と述べている。ある人が、日蓮は時代や対象を考慮せずに浄土・禅・律宗を批判したから流罪の難にあうのだ、と非難した、というのである。これは当時の日蓮の言動を的確に指摘したものである。

❖阿弥陀仏を火に入れ、水に流す

前述のように、訴状の第七以下は、日蓮を信奉する人々の行動を批判したものである。第七には、年来の本尊弥陀観音等の像を火に入れ、水に流すという行動が訴えられている。第八に、凶徒《きょうと》を室中に集めているということ。第九の「両行は公処《くじょ》に向かう」というのは、意味がとれない。最後に、武器をたくわえて武装しているということが訴えられている。

第七で訴えられているような事態は、実は法然の浄土宗が強まる過程でみられたのと、実質において同じである。日蓮はこの事実を否定しているが、専修性をきびしく守る信仰が他の信仰に向かい合ったばあい、余教余仏を粉砕しなければやまないという傾向を強くもつことは、むしろ当然であった。法然の浄土宗がひろまる過程では、法華信仰も時機不相応として『法華経』は川に流しすてられるような始末であった。それがこんどは逆に法華の信者たちが弥陀の像などを火に入れ水に流しているのである。

しかし、歴史は単純にくりかえしているのではない。法然の浄土宗はきわめて早い速度で社会の各階層に浸透していき、とくに地頭領主層への浸透はいちじるしかった。日蓮の専持法華は、その社会的基盤を等しくする地頭領主層の念仏信仰と鋭く対置していかねばならなかったのである。同じ弁明のなかで日蓮が、「彼の邪義を隠さんが為めに諸国の守護・地頭・雑人等を相語らいていわく、日蓮ならびに弟子等は阿弥陀仏を火に入れ水に流すと、汝等《なんじら》が大怨敵《だいえんてき》なり」と述べているのは、この間の事情を物語るものである。

第八の訴えにたいして、日蓮は直接これを否定してはいない。建長寺・寿福寺・極楽寺・多宝寺・大仏殿・長楽寺・浄光明寺の寺々こそ、中国の荊渓湛然《けいけいたんねん》（七一一〜七八二）のいう「もっともはなはだしき悪所」であると述べ、湛然の弟子、智度法師の『東春《とうじゅん》』（『天台法華疏義《てんだいほけしょぎ》纘《さん》』の異称）の「即ち是《こ》れ出家の処に一切の悪人を摂す」という語を引いて答えとしている。

信仰の場所というものは、すべての悪人をつつみこむものだという宗教的応答である。宗教的意味はともかく、ここにいう凶徒＝悪人の実態は、おそらく日蓮の教えを信受する人々のことをさしているのであろう。当時、訴訟のとき相手方を凶徒とよぶことはまれではない。日蓮の答えには凶徒――悪人として、宗教的な意味転換がみられるが、忍性・良忠らからみれば、日蓮の信奉者たちは、弥陀観音などの像を火に入れ水に流すような、文字どおり「凶徒」としてとらえられる存在で、あとで述べる第一〇の実体と重なり合うものであった。第九は意味不明であるが、配列の順序からいって、第八、第一〇と無関係ではあるまい。

❖『法華経』守護のためには武器をとれ

最後の、武器をたくわえて武装しているという訴えについて、日蓮はその事実を肯定し、『法華経』守護のための武器は仏法の定める法である、といっている。正法を護持するために武装を肯定する根拠、日蓮のいわゆる「仏法の定める法」というのはなんであったのか。それは、この『会通』のなかでも示しているが、すでに一二五九年（正元元）の『守護国家論』のなかで明示されていた。『法華経』とともに日蓮がもっとも尊崇していた『涅槃経』（第三金剛身品）がそれである、さらにそれは、天台・章安・妙楽等の中国天台宗の釈によって補強されていた。この、『涅槃経』に説かれている、法を守るために破戒のもろもろの悪比丘《あくびく》と戦闘をまじえる有徳王の姿が、護法者の典型的な像として日蓮の脳中にあった。

元来、僧侶が武器をもつことは戒律のうえからいっても認容されないところである。すでに大宝令《たいほうりょう》の僧尼令《そうにりょう》で、兵書をたくわえ、これを読み、兵器の類を布施《ふせ》としてもらうことなどを禁止している。以後、僧徒の武装禁止の令は、頻繁にくりかえされた。しかし現実には僧兵《そうへい》の横行ははなはだしく、鎌倉時代にはいって、朝廷・幕府はこれの対策に心をくだいた。幕府は僧徒が武器を帯びることについて、承久の乱後はとくに神経をとがらせている。それで、実検使を寺に送って兵器を焼きすてたり、兵器を帯びている僧侶を召し捕らえたりした。一二四二年（仁治《にんじ》三）三月には、鎌倉中の僧徒の帯剣を禁じ、帯剣を発見次第没収して、大仏に施入《せにゅう》させている。これはあたかも後の豊臣秀吉の刀狩《かたなが》りを彷彿《ほうふつ》させるものである。

一二六一年（弘長元）二月、袈裟《けさ》で頭をつつんで鎌倉中を横行する僧侶があるばあい、保《ほ》（鎌倉の行政区域）の奉行人が禁制にあたっているところからみると、鎌倉において僧徒の武装禁制には、鎌倉市政の直接担当者である保の奉行人があたったのであろう。保の奉行人は当初、政府の指揮下にあったが、臨戦体制下の文永年間はどうであったか、史料的にははっきりしない。

外寇《がいこう》の危機に直面した幕府は、従来から努力していた国内治安にいっそうの努力をかたむけた。それは具体的にいえば悪党《あくとう》の禁圧である。ひとくちに悪党といっても、いろいろな存在形態があった。倫理的退廃の度合いがはなはだしく、文字どおりの悪党もあった。荘園支配の変革をめざす悪党もあった。しかし幕府は、悪党の内実がどのようなものであっても、現実の体制にたいする反逆分子として、一律に禁圧の対象とした。蒙古問題の発生とともに、諸国の守護地頭を通じて、この禁圧令の徹底化をはかった。日蓮の時代における幕府内政の基本的課題は、まぎれもなく悪党禁圧であった。蒙古国書の到来後、この時点における日蓮とその信奉者の行動は、幕府内政のこの基本的課題との対応・緊張関係でとらえねばならない。日蓮は武器を帯びて闘争をことととする悪僧や僧兵とは、もちろん明確に自己を区別していた。しかし、『法華経』守護のためとはいえ、武器をとることをあえて辞さないというのは、宗教的意味はともかく、形としては禁圧の対象になるものであった。日蓮が死去したときの形見分けに、太刀《たち》・腹巻《はらまき》(鎧《よろい》の一種)がみえるのも、日蓮のこの弁明を裏づける。比叡山の荘園内における名主《みょうしゅ》が僧形《そうぎょう》となり、自己の所領を維持・拡大するために武器をとって僧兵となるのと、『法華経』守護のために武器をとるのと、形においてかわるところはない。

ここにみられる日蓮の弁明は、法華同信結合者の異教(謗法)ないし迫害者にたいする武装結集の論理的起点となるものであった。とくに兵農未分離の封建社会にあっては、この論理は、雪だるま式の武装蜂起をよびおこす可能性をもっていた。戦国時代における法華一揆《いっき》は、この論理が具体化したものだといってよい。

日蓮とその信奉者は、専持法華をつらぬくために武装し、異教(謗法)と迫害をうちくだくエネルギーをたぎらせていた。これは、忍性らの側からいえば凶徒——悪人であり、幕府の目からみれば、まぎれもなく悪党であった。しかもそれは、法難のときすでに二六〇余人といわれるような宗教的——社会的勢力となっていたのである。いうまでもなく鎌倉は、武家政権の所在地として、防衛体制の本拠地である。幕府は外寇に対処するために、内政の確立、とくに悪党の鎮圧にもっとも精力を注いでいた。幕府の本処地鎌倉では、いささかの悪党行為も許されなかったのである。

竜口法難はおこるべくしておこった

❖得宗誹謗

行敏の名による忍性・良忠・道教らの訴状が幕府に提出された。日蓮によると、このころ禅僧・念仏者・真言師などが、訴状もかなわないので、奉行や幕府の重要な地位にある者、さらにはその関係の女性などを通じて数多くの讒言《ざんげん》をしたという。日蓮の回想を材料にしながら、この時点での日蓮の言動をみて、いわゆる竜口法難《たつのぐちほうなん》がなぜおこったのか、その必然性について述べてみよう。

日蓮の教理的ないし教団的な諸宗批判は、せんじつめれば「念仏は無間《むげん》の業《ごう》、禅宗は天魔の所為《しょい》、真言は亡国の邪法《じゃほう》」ということになり、「念仏者・禅宗・律僧等が寺を焼き払い、念仏者どもが頸《くび》をはねらるべし」という徹底した表現をとった。「焼き払い」「首をはねよ」という表現は、ただちにその行為を意味するものではなく、宗教的純化の譬喩的《ひゆてき》表現であるが、表現として物質化されたばあい、放火・殺害刃傷《さつがいにんじょう》という犯罪的な行為とうけとられても仕方がない。

排撃をうけた側は、それを宗教的意味でうけとることなく、犯罪的なものだとしてしかうけとめないであろう。『法華経』守護のため、武装することは当然だ、と日蓮はいう。現に武器をたくわえている。これは殺害刃傷、あるいは謀叛《むほん》の物的証拠となるもの。しかも日蓮から「焼き払え」「首をはねよ」といわれている対象は、北条氏一門の帰依厚い寺々であり高僧たちである。

念・禅・律等の〈邪法〉が盛行しているため、日本を守るべき善神は国を去り、国土は乱れる。日本は空屋になったのも同然だ。隣国の聖人（蒙古）は日本の邪法をこらすために侵攻しようとしている。謗法であるくらいなら、日本はむしろ蒙古から滅ぼされたがよい。このような宗教的価値判断とそれにもとづく日蓮の言動は、価値（信仰）を否定される側からいえば「天下第一の大事、日本国を失わんと呪詛《じゅそ》する」ものとうけとられた。

日蓮の禅宗および律宗の排撃は、その信奉者・外護者であった北条時頼・重時にたいする宗教的批判をともなった。時頼・重時らは現世において謗法を信奉していたのであるから、死後は無間地獄におちているにちがいない、という宗教的解釈が日蓮によって示された。時頼はいうまでもなく北条氏の嫡流であり、その妻は重時の娘であった。時宗はその子である。得宗専制のさなかで、しかも得宗を頂点として防衛体制が強化されているなかで、この発言が、はたして宗教的意味でうけとられる可能性があったろうか。いうまでもなく得宗を誹謗《ひぼう》するものとしてしかうけとられなかったであろう。それはまたとりもなおさず、反防衛体制につらなる発言としてうけとられる性質のものであった。釈尊御領観の現実的意味はこれであった。日蓮の排撃を被《こうむ》ったものが、日蓮に即し、宗教的意味文脈のなかでこれをうけとるはずはない。以上のようなことがらを、日蓮は「朝夕に申し、昼夜に談」じたのである。

❖鎌倉の市政と防衛体制

ところで行敏訴状の提出先がどこかはわからないが、訴訟の内容に、凶徒を室中に集め、武器をたくわえていることを合んでいるのであるから、これは明らかに刑事訴訟（検断沙汰《けんだんさた》）にふれるものである。刑事訴訟は侍所《さむらいどころ》の管轄《かんかつ》であった。侍所の実際の権限を握る所司《しょし》には北条氏嫡流の家人いわゆる得宗被官が任じられており、その職員は犯罪者の捜索《そうさく》・捕縛《ほばく》・糺問《きゅうもん》・刑の執行などにあたった。

鎌倉市内の行政権と、人身売買などに関するある種の市内警察権は政所《まんどころ》が握っていて、市政の直接担当者である保《ほ》の奉行人は政所の指揮下にあった。保の奉行人の指揮監督者には時代が下るにつれて、得宗被官の進出が目立っている。行敏訴状の提出先が政所なのか侍所なのかはわからないが、訴状の内容からみて、侍所で取り扱われた可能性が強い。あとで侍所の所司平頼綱《たいらのよりつな》の直接指揮のもとに日蓮の捕縛がおこなわれているところをみると、かりに政所に提

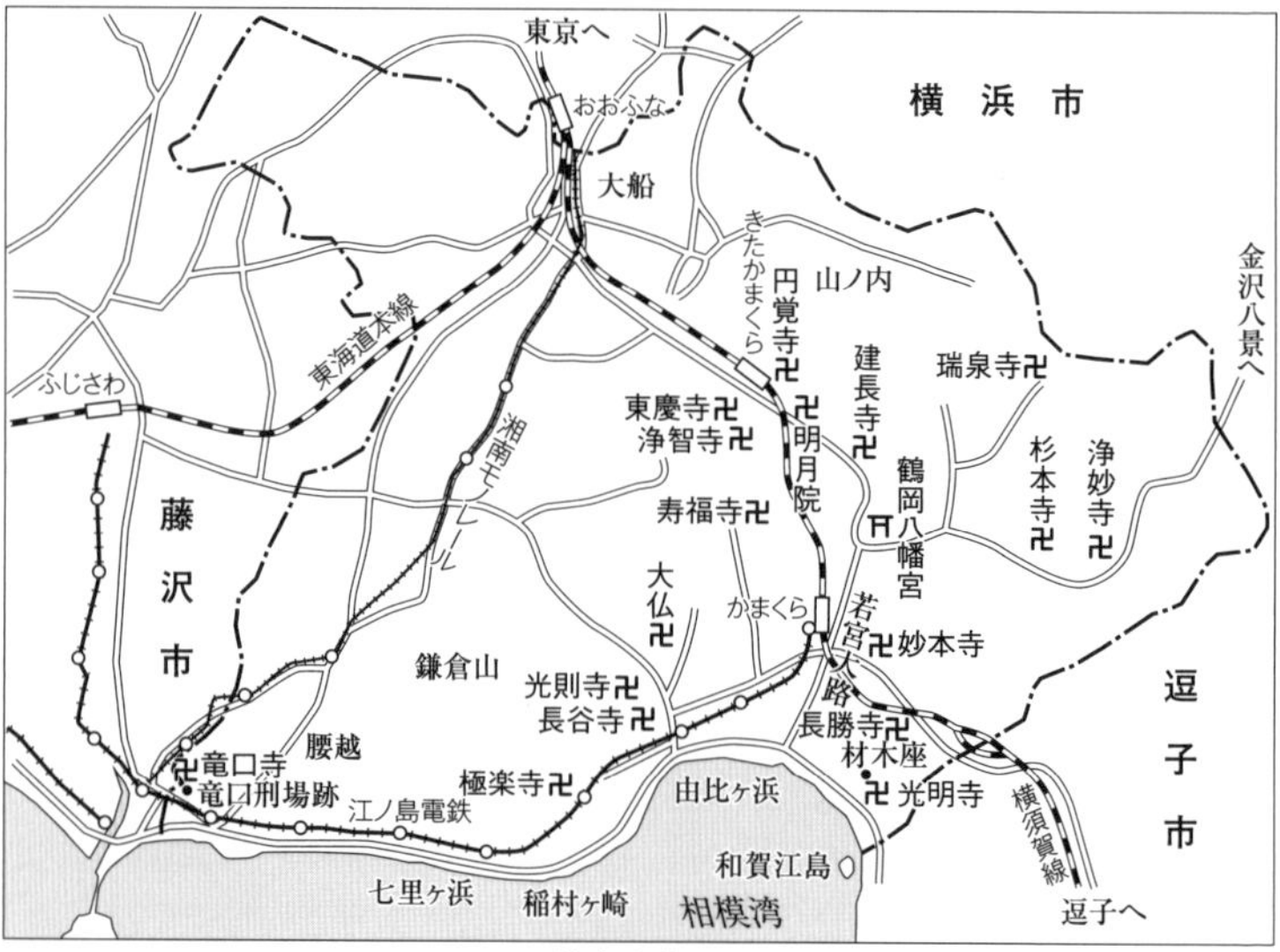

鎌倉市街図

出されたとしても、侍所に移属されたのであろう。

蒙古来襲直前の鎌倉市内の警察制度は、はっきりしないが、僧徒の武装禁制などには前述のように保の奉行人があたり、事件の内容および事態が武力を必要とするばあいは、侍所と協力していたのではないかと推察される。保の奉行人の指揮監督者も侍所の所司もともに得宗被官であり、その連絡・協力は容易であったろう。蒙古来襲の危機の深まるなかで、防衛体制の根本になるのは御家《ごけ》人《にん》の動員であり、その御家人の管轄は侍所にあった。

侍所の所司やその職員は、得宗被官が占めており、得宗の北条時宗に直結する侍所は御家人統制の職権を一段と強めていった。鎌倉の市政に関することがらについては、ただちに侍所の強権が発動されたとみてよかろう。

前述のように、幕府の内政＝防衛体制の基本的課題は悪党を鎮圧《ちんあつ》して国内体制の秩序をととのえることであった。防衛体制の本拠地である鎌倉ではとくにそのことに神経が遣われた。従来、保の奉行人が管掌《かんしょう》していた市政警察権のなかでも、防衛体制内に含み込まれることがらについては、あるいは侍所に移属されたのかもしれない。僧徒の兵杖《ひょうじょう》禁止など、そうではあるまいか。とにかく、侍所の職員は鎌倉市内における悪党的行為の調査・摘発にはきびしい態度でのぞんでいたと想像される。これに、さきの日蓮とその信者の言動を向かい合わせてみよう。日蓮とその信奉者への弾圧、つまり法難は必至である。

❖おもてには遠流

鎌倉松葉ケ谷《まつばがやつ》の日蓮の庵室《あんしつ》は釈尊を本尊とし、一切経が安置してあった。そこへ一二七一年（文永八）九月一二日の午後四時ごろ、侍所の所司である得宗被官の平左衛門尉頼綱が大勢の部下を引きつれてあらわれ、日蓮を逮捕した。庵室は破壊され、仏像経巻は頼綱の部下たちに踏みにじられ、日蓮はふところに入れていた『法華経』第五巻をとり出され、頭をさんざんに打たれた。

その『法華経』第五巻には、「諸の無智の人の悪口罵詈《ばり》等し、および刀杖《とうじょう》を加うる者あらんも、我等は皆まさに忍ぶべし」という勧持品《かんじほん》が含まれている。一二七九年（弘安二）四月二〇日の『上野殿御返事《うえのどのごへんじ》』には、このときのことを「うつ杖も第五の巻、うたるべしと云ふ経文も五の巻、不思議なる未来記の経文なり」と伝えている。『法華経』を信じ行ずる者はさまざまの難に値《あ》うという『法華経』そのものの本文を、『法華経』を杖として打たれながら身に読んだ、というのである。

　このとき日蓮は平頼綱に向かって、「わたしはこの国の柱である。そのわたしを失うのは国を失うのも同然だ。ただちに自界叛逆難《じかいほんぎゃくなん》、他国侵逼難《たこくしんぴつなん》といって、国内の人々が同士討ちをし、他国に打ち殺され数多く生け捕りにされるという事態がおこるであろう。邪法の根源である建長寺・寿福寺・極楽寺・大仏・長楽寺などいっさいの念仏・禅僧寺の寺塔を焼き払い、彼らの首を由比の浜で切らないことには日本国はかならずほろびるであろう」（『撰時抄』）といったという。日蓮のいう「三度の高名《こうみょう》」、すなわち国家的次元での三度《みたび》の諫言《かんげん》のうち『安国論』の上申に次ぐ第二度目の諫言である。

　頼綱に逮捕された日蓮は、あたかも朝敵《ちょうてき》か謀叛人《むほんにん》のように鎌倉の小路《こうじ》を引きまわされた。その後、侍所に連行されたと思われる。午後六時ごろになって判決が下され、佐渡国《さどのくに》（新潟県）へ流罪《るざい》ときまった。しかし日蓮によると、流罪というのは表向きのことで、内実は首を切るということであったという。配流地佐渡の守護は北条一門の大仏宣時《おさらぎのぶとき》で、宣時が日蓮を預かるということになり、守護代の依智《えち》六郎左衛門尉（本間重連《ほんましげつら》）の代官右馬太郎が直接日蓮を佐渡に

竜口刑場の跡（鎌倉市）

連れていくことになった。宣時は朝直の子で、幕府の引《ひき》付衆《つけしゅう》・評定衆《ひょうじょうしゅう》・引付頭人・連署《れんしょ》などの重職を経て、一三二三年（元亨《げんこう》三）六月に没した人物で、佐渡守護とともに、建治・弘安年間は父朝直のあとをうけて遠江《とおとうみ》（静岡県）守護でもあった。『徒然草《つれづれぐさ》』二一五段には、時頼が宣時を招いて味噌をさかなに酒を飲んだという、有名な話が記されている。守護代本間氏は大仏氏の被官で相模国《さがみのくに》（神奈川県）愛甲郡の依智《えち》を本拠としていた。

❖わけもなく死罪に

翌一三日午前二時ごろ、鎌倉を出発し依智に向かった。その途中、刑場として有名な竜口《たつのぐち》で、日蓮は首を切られようとした。斬首されようとした刹那《せつな》、江の島の方から月のような光り物がして太刀取《たちどり》は目がくらんで倒れ伏し、侍たちはおじけおそれて走りのく、という奇跡がおこり、日蓮はついに首を切られなかったという。古来、喧伝《けんでん》された話であるが、これは、日蓮真蹟が一八七五年（明治八）まで身延にあったという『種種御振舞御書』や、日朝《にっちょう》の写本で伝えられている、一二七八年（弘安元）九月の『妙法比丘尼御返事』などにすでにみえるところである。

しかし前者については、早く木下尚江《なおえ》や境野黄洋《さかいのこうよう》らが偽書であるといい、日蓮宗門内部でもそれに賛成する者があった。山川智応《ちおう》は「『種種御振舞御書』は偽書に非《あら》ず」という論文を書いて偽書説を退けた。しかし現在ある形での同書すべてを日蓮の真蹟とすることはできない。後人の加筆と思われる箇所が所々あり、その取り扱いには慎重を要する。両書の伝える記事は、その事実があったから日蓮がそう書いたものか、その事実はなくとも、日蓮の感じがそうであったから書いたのか、後人の加筆なのか、すぐには判断できない。とにかく両書とも真蹟が残っていないので、なんともいえない。佐木秋夫はその後、一九三八年（昭和一三）刊行の著書『日蓮』（白揚社「人物再検討叢書」）で、日蓮は『開目抄《かいもくしょう》』ではじめて「頸《くび》」のことをいいだした、と述べて、日蓮が竜口で首を切られようとしたというのは、日蓮の脳中での幻影で、のちに日蓮の追随者によって強固な史伝にまで固定したのだといっている。また、「頸の座」伝説は四条金吾《しじょうきんご》を中心として成立した、といってもいるが、これは佐木自身の問題にしたところとはちがうけれども、後世の祖師像形成を考えるうえに参考になる指摘だと思う。

重野安繹《しげのやすつぐ》が竜口法難作為説の史料にした、一二七一年（文永八）九月一四日の『土木殿《ときどの》御返

竜口寺（鎌倉市）

事』には「今まで頸の切《きれ》ぬこそ本意なく候へ、法華経の御ゆへに過去に頸をうしないたらば、かかる少身のみにて候べきか」とあり、真蹟遺文で「頸」のことをいっているのは、同書がもっとも早い。同書は竜口法難後の最初の遺文でもある。この文章は、かなり象徴的な書き方であるが、ともかく、竜口で日蓮に斬首の危険があったことを反映している文章だととって、まちがいではあるまい。

　日蓮は一二七六年（建治二）九月の『崇峻《すしゅん》天皇御書』で、日蓮が斬罪されようとしたとき、信徒の四条頼基《よりもと》が供《とも》をして馬の口について泣きかなしんだことを回想して、「いかなる世にか忘れなん」といい、たとえあなたの罪が深くて地獄におちるようなことがあったとしても、釈迦仏がいかに仏になれと誘ってくれても、わたくしはあなたといっしょに地獄におちよう、と頼基に書き送っている。弟子の三位房《さんみぼう》も同罪におこなわれて首をはねられるはずであった、という。ともかく日蓮は斬罪をまぬがれた。『報恩抄』には、「相模国たつの口にて切《きら》るべかりしが、いかにしてやありけん、其夜はのびて依智というところへつきぬ」と書いている。

おもてには遠流《おんる》といいながら、実際には「理不尽《りふじん》に死罪」におこなおうとしたのに、なぜそうしなかったのか。日蓮は「子細《しさい》ありけるかの故にしばらくのびて」とか「いかにしてやありけん、其夜はのびて」と述べているだけである。これは、北条時宗の妻がちょうどこのころ懐《かい》妊《にん》していたからであろう。時宗の子・貞時《さだとき》がこの年に生まれている。信徒の大学三郎が時宗の妻の父である安達泰盛《あだちやすもり》と交わりがあり、身をすてて日蓮の助命運動に奔走《ほんそう》したらしい。子が生まれようとするときに僧侶を死罪にするのはいけない、というような嘆願であったろう。日蓮は、依智に翌一〇月の一〇日までの約一か月間滞在していた。日蓮が逮捕されたあと、弟子や信徒にも大きな弾圧の手がのびていた。

竜口法難の構造

❖弟子への弾圧

流罪・死罪におこなわれようとした当の日蓮自身に、弾圧の全般的状況がすぐにわかろうはずはなかった。日蓮が文永八年の法難全般のことをいうようになるのが、翌九年二月の『開目抄』からであるのも当然である。この法難の結果としての佐渡配流は、弘長の伊豆配流とともに「王難すでに二度におよぶ」として、日蓮の生涯にとってもっとも重大な画期となった。この法難を軸に、日蓮の宗教体系を佐渡以前、佐渡以後として二大区分することが古くからおこなわれているが、もっともなことである。だから日蓮は、晩年にいたるまでこの法難の宗教的意味を語りつづけており、それらのなかから竜口法難の構造をさぐることができる。

以下、日蓮の弟子・信徒にたいして、どのような弾圧いわゆる法難が加えられたか、弟子と信徒、つまり僧侶と俗人とに分けてみてみよう。日蓮の教団の前衛部分というべき弟子が一般の信徒よりも強い弾圧をうけたことはいうまでもない。まず弟子にたいしては、三位房のように、日蓮と同罪ということで、斬首されようとした例がある。『種種御振舞御書』には、牢に入れられた弟子たちも斬首されるといううわさがあったと記されている。法然が弾圧をうけたとき、弟子の安楽《あんらく》・住蓮《じゅうれん》が斬首されたという例もある。日蓮同様、弟子たちにたいする斬首の危険は十分考えられるところである。とくに三位房は、教学にすぐれ、弁舌さわやかで才気《さいき》煥《かん》発《ぱっ》、弁阿闍梨《べんあじゃり》（日昭）・大進《だいしん》阿闍梨とともに当時の日蓮門下の重鎮《じゅうちん》で、もっとも目立つ存在であった。三位房に死罪の危険があったのはうなずける。

次に、一二七三年（文永一〇）五月の『如説修行抄《にょせつしゅぎょうしょう》』に「竜口の頸の座、頭《かしら》の疵《きず》等、其外《そのほか》悪口せられ、弟子等を流罪にせられ、籠《ろう》に入《いれ》られ、檀那《だんな》の所領を取られ、御内《みうち》を出されし」とあって、このとき流罪に処せられた弟子がいたのではないかと推測される。しかし、これ以上明確に弟子の流罪についてふれた日蓮の遺文はない。富木常忍の継子伊予《いよ》房日頂《ほうにっちょう》のように佐渡にいる師の日蓮を慕って渡島して、日蓮のそばにいた弟子もいる。駿河《するが》（静岡県）の伯耆房日《ほうきぼうにっ》興《こう》も佐渡にわたり、日蓮につかえているが、これは流罪ではなくて、みずから望んで渡島したものであろう。

一〇月三日、佐渡への出発がわかったので、日蓮は入牢中の弟子五人にあてて手紙を出した。「今夜のかん（寒）ずるにつけて、いよいよ我身より心くるしさ申《もうす》ばかりなし。ろう（牢）をいでさせ給《たまい》なば明年のはる（春）かならずきたり給《たまえ》。みみへまいらすべし」と、ねんごろにいたわり、あなたたちにたいする処置がどうなるかを見きわめさせるために、大進阿闍梨を鎌倉にとどめおきます、といいやっている。この弟子五人は明らかに禁獄《きんごく》された実例である。『光《こう》日房《にちぼう》御書《ごしょ》』に、一二七二年（文永九）二月の北条時輔《ときすけ》の乱後、日蓮の弟子たちが赦免《しゃめん》されたとあるのは、この五人の弟子たちのことであろう。五人の名はわからない。一二七一年（文永八）一〇月九日付けの、筑後房日朗《ちくごぼうにちろう》あての有名な『土籠御書《つちろうごしょ》』があり、牢中の日朗をはげましたものであるが、同書に信がおけるならば、日朗は禁獄されていたものの一人である。前記五人のうちか、それ以外かはわからない。

光則寺裏の土牢跡（鎌倉市）

右の五人は無作為に逮捕されたものではあるまい。右の五人は三位房らに次いで、鎌倉における日蓮の弟子・信徒のなかでは中核的・指導的な役割を果たしていた僧侶だと思われる。その逮捕・禁獄は、狙いうちだったのである。

一二七七年（建治三）の『四条金吾殿御返事』には「すぎにし日蓮が御かんき（勘気）の時、日本一同ににくむことなれば、弟子等も或《あるい》は所領ををかたよりめされしかば」とあって弟子でも所領をもっていたものは没収されていたようである。弟子の経済生活のこまかいことはわからない。その他、刃傷・打擲《ちょうちゃく》をうけ、ののしられる弟子たちは多かった。

❖信徒への弾圧

信徒に加えられた弾圧の実情はどうであったろうか。所領没収・御内《おうち》追放がそのおもなものであった。所領没収というのは財産の没収である。四条頼基にあてた一二七七年（建治三）九月の『崇峻天皇御書』に「此《この》四人は遠《とおく》は法華経のゆへ、近《ちかく》は日蓮がゆへ、命を懸《かけ》たるやしきを上《かみ》へ召《めさ》れたり」と述べているのは、この法難のときのことをいっているようである。四人の信徒が、その命をかけた屋敷を没収されたというのである。この法難のときでなかったとしても、日蓮の教えを信奉したため、屋敷没収にあっていることにまちがいはない。屋敷（本宅）というのは当時の領主層の家産の中核をなすもので、文字どおり命をかけているものであった。

このほか、妙一尼《みょういちに》の夫某もこの法難で所領を没収されたらしい。また、四条頼基は、所領没収・御内追放の危険にさらされていたが、主家の江馬光時《えまみつとき》の保護によってあやうくまぬがれている。

御内追放というのは、主従関係を断つことである。御内というのは、代表的には北条氏嫡流の家来、すなわち得宗被官のことをいうが、北条氏一門や守護級の御家人《ごけにん》などは、御内人《みうちびと》（被官）を多くかかえていた。北条氏一門では塩田義政《しおたよしまさ》（北条重時の子）における渋谷氏《しぶやし》や、江馬光時における日蓮の信徒四条頼基など、御内人の適例である。守護と守護代などの間には強固な譜代的《ふだいてき》被官関係が多くみられる。

その被官関係にはさまざまなケースがあったと思われるが、大きく分ければ、主人の人身的な支配を強く受けるものと、双務契約的に去就《きょしゅう》のゆるやかなものとの二つになろう。前者を「服仕の家人」とよび、後者を「家礼」として分ける研究者もいる。

被官関係を結ぶのは主人とたのむ人物が、権勢をもっていて保護を受けるに足ると判断しているからであり、主人は御内人の奉公にたいしては、所領の恩給など、つまり御恩《ごおん》をもって対応した。鎌倉初期の鎌倉殿（将軍家）と御家人との第一次的な主従関係にたいして、その第二次的な主従関係の再生産といってよかろう。ただ、被官関係は文字どおりミウチのことであるから、そのありようが法として成文化されることは弱かった。それだけに、主人の意向によって私的かつ一方的にその関係は解かれた。日蓮の信徒のばあいに顕著にみられるような、主従の信仰のちがいなど、主人が御内人をミウチから追放するという事例としては、もっとも代表的なものであったろう。

日蓮は、この法難によって御内を追放された信徒がいたことをしばしば述べているが、四条頼基は主人江馬光時の理解によって御内追放にならなかったことが知られる。

日蓮のいう御内追放の対象となった信徒は、主として服仕型の御内人であったろう。彼らの主人は幕府の処置にならって御内人に与えていた恩給の所領を没収し、保護をとき、義絶したのである。所領から放逐《ほうちく》することも含まれていた。これはまさに御内人の生存をとどめる行為である。いったいに、日蓮の代表的信徒には、御内人——被官層のものが多かった。駿河の南条氏・高橋氏や甲斐《かい》（山梨県）の下山氏などは得宗被官ではなかったかと思われ、四条氏のように北条氏一門の被官もおり、富木《とき》氏は下総の守護千葉氏の被官であった。

日蓮が現実に念頭においていた主従倫理は鎌倉殿と御家人の第一次的主従関係においてではなく、得宗・北条氏一門・守護等のもとに形成されていた第二次的主従関係においてであった。これはまさしく、封建的諸関係の分化に見合う主従倫理観である。とにかく日蓮の代表的信徒に御内人——被官層の多かったこと、および日蓮の述懐からみて、御内追放の処置をうけた実例はあったと思われる。

一二七五年（建治元）の『法蓮抄』によると、この法難によって父母兄弟に捨てられたものもあったという。これは単なる譬喩《ひゆ》ではあるまい。実際に父母から勘当《かんどう》されたものもいたであろう。このほか、『聖人御難事』によると、過料《かりょう》をとられた信徒もいたらしい。

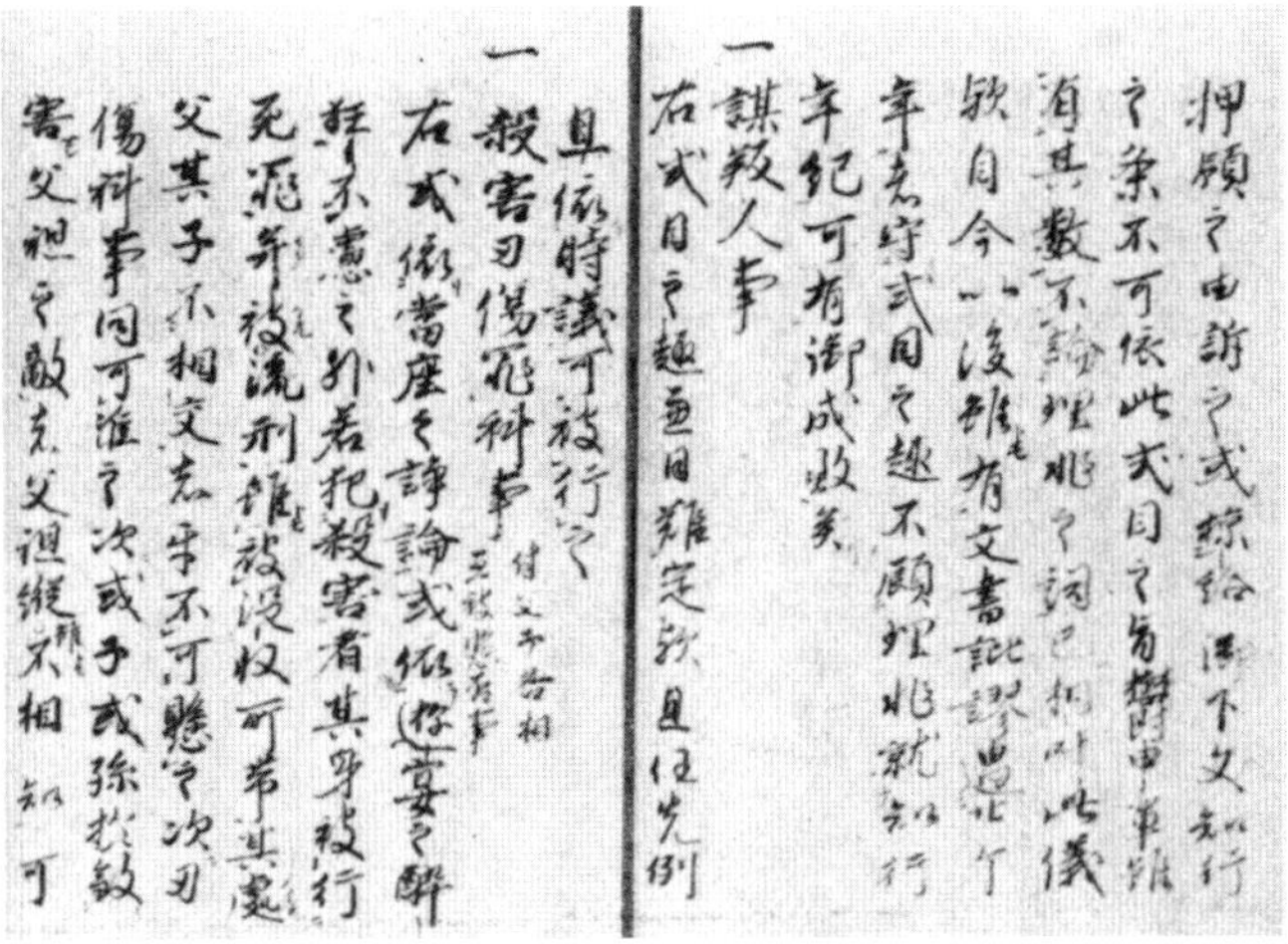
押領之由訴申之、或捺給御下文知行
之条不可依此式目之旨歟、申事雖
消其数不論理非之詞也、於此儀
歟自今以後雖有文書証拠過廿ヶ
年者守式目之趣不顧理非就知行
年紀可有御成敗矣
一 謀叛人事
右式目之趣兼日難定歟、且任先例
且依時議可被行之
一 殺害刃傷罪科事 付父子咎相互被懸否事
右或依当座之諍論、或依遊宴之酔
狂、不慮之外若犯殺害者、其身被行
死罪、并被処流刑、雖被没収所帯、其
父其子不相交者、互不可懸之、次刃
傷科事同可准之、次或子或孫於殺
害父祖之敵、父祖縦雖不相知、可

『鶴岡本御成敗式目』（東京都目黒区：前田育徳会蔵）

❖信奉者二六〇余人

以上の処置＝弾圧が『御成敗式目』に準拠しておこなわれたことは、もちろんである。該当の箇条として考えられるのは、(一) 殺害刃傷、(二) 悪口、(三) 殴人等に関する箇条である。(一) の罪は死罪ないし流刑《るけい》、あるいは所帯(所領) 没収、(二) は、重きは流罪、軽きは召籠《めしこ》め、(三) は、侍の所領のあるものは没収、所領のないものは流罪、郎従《ろうじゅう》以下はその身を召し禁ずる、というような規定である。行敏訴状で殺害刃傷の可能性があったことはわかるが、逮捕の過程で殺害刃傷や人を殴《なぐ》る罪が生ずるのはいなめない。この法難は、とくに蒙古国書の到来を機とする諸宗の排撃に起因するものであり、他信仰の誹謗は悪口と解されたと考えられる。悪口の罪を中心にして殴人・殺害刃傷などの罪による咎《とが》が構成されたものであろう。

日蓮は『御成敗式目』には絶対的な信頼をよせていたが、信仰によって世俗のいとなみをぬけ出ることができても、それが現象として反権力的・反秩序的であるかぎり、その法と機構によって処断されるのである。信仰を媒体にして信頼する法から弾圧を被《こうむ》る日蓮の姿がここにある。

依智《えち》に約一か月間滞在している間に、日蓮が逮捕されたあとの、鎌倉での弟子・信徒の動きがおいおい判明してきた。鎌倉では放火・殺人がおこなわれ、それは日蓮の弟子たちの所行だといいふらされ、そのために日蓮の弟子たち二六〇余人の名がリストアップされ、鎌倉から追放して遠島にされるであろう、また入牢中の弟子たちは首をはねられるであろう、といううわさまで流布《るふ》された、という。『種種御振舞御書』にみえる日蓮の回想である。おそらくは事実か、事実に近いことを伝えていよう。

弾圧の対象となりそうであった日蓮の信奉者は二六〇余人という。その数字はともかく、日蓮の教えを信奉し伝播するものの集まりが相当の規模で形成されていたことは、容易に想像されるところである。すでに日蓮教団と称してさしつかえない宗教的勢力である。前に述べたように、蒙古襲来の危機のなかで、日蓮の言説がうけいれられて拡大してきた勢力である。それは、現世の権力を否定する信仰を骨子とした社会的勢力であった。そのため前述のように、広くきびしい弾圧を被ったのである。

広くきびしい弾圧のなかで、「弟子檀那の中に臆病《おくびょう》のもの、大体或《あるい》はをち、或は退転の心あり」といわれるように、次々に転向・背信の現象がおこった。それは信徒だけではなく、弟子たちにもおよんだ。日蓮自身「御勘気の時千が九百九十人は堕候《おち》」と述懐しているが、まさになだれのような崩壊現象であった。安房の領家《りょうけ》の尼《あま》のように日蓮の教えの信奉の度合いの不安定な信徒は、たちまちに『法華経』をすてた。領家の尼の所領確保のため、日蓮はかつて命がけの奔走をしていたのである。

領家の尼は、『法華経』が説く、「難信難解《なんしんなんげ》」の標本のようなものであった。日蓮は、この領家の尼とともに、弟子の能登房《のとぼう》・少輔房《しょうぼう》らが、欲深く臆病・愚痴《ぐち》で知者顔をしながらもろくも転向し、あまつさえ他の人々をもそそのかして転向をさそい脱落させた、といっている。以上三人にみられる例は、弟子・信徒の転向・背信の典型的な例であろう。多年にわたって日蓮がそだててきた弟子・信徒たちは、この弾圧によって四分五裂し、まさに壊滅の状態に追いこまれた。

竜口法難は、蒙古襲来にそなえての鎌倉幕府の防衛体制の強化の過程で、おこるべくしておこった法難であることを述べてきたが、竜口法難の翌日、つまり文永八年(一二七一)九月一三日という時点が、幕府の防衛体制上大きな画期をなしていたことは、けっして偶然ではない。このことをほんとうに理解していただくためには、幕府の防衛体制の強化について説明すべきであろう。

防衛体制の強化

❖東国御家人の九州下向

一二七一年（文永八）正月、蒙古の国信使趙良弼《ちょうりょうひつ》が高麗《こうらい》に着き、九月一九日、日本にはいるが、この間、高麗では別に牒使《ちょうし》を日本に派遣した。高麗の犠牲《ぎせい》による日本遠征を避けるため、日本に蒙古の要求を受けいれさせようとするものであったと思われるが、日本はかえって防衛体制を強化した。

幕府は日蓮を逮捕した翌日の一二七一年（文永八）九月一三日付けで、蒙古人襲来のおそれがあるからといって、小代重俊《しょうだいしげとし》の子息らにあて、その所領肥後《ひご》国玉名《たまな》郡野原荘（熊本県荒尾市）に下り、守護の指揮のもとに防衛につとめ、領内の悪党をしずめるよう命じた。防衛につとめるということを当時の言葉では「異国防禦《ぼうぎょ》」とか「異賊防禦」などといった。同様のことを、薩摩《さつま》国阿多郡北方（鹿児島県南さつま市金峰町）に所領をもつ二階堂忍照《にんしょう》に命じている。忍照は女性であるところから、代官を派遣せよと命じられている。

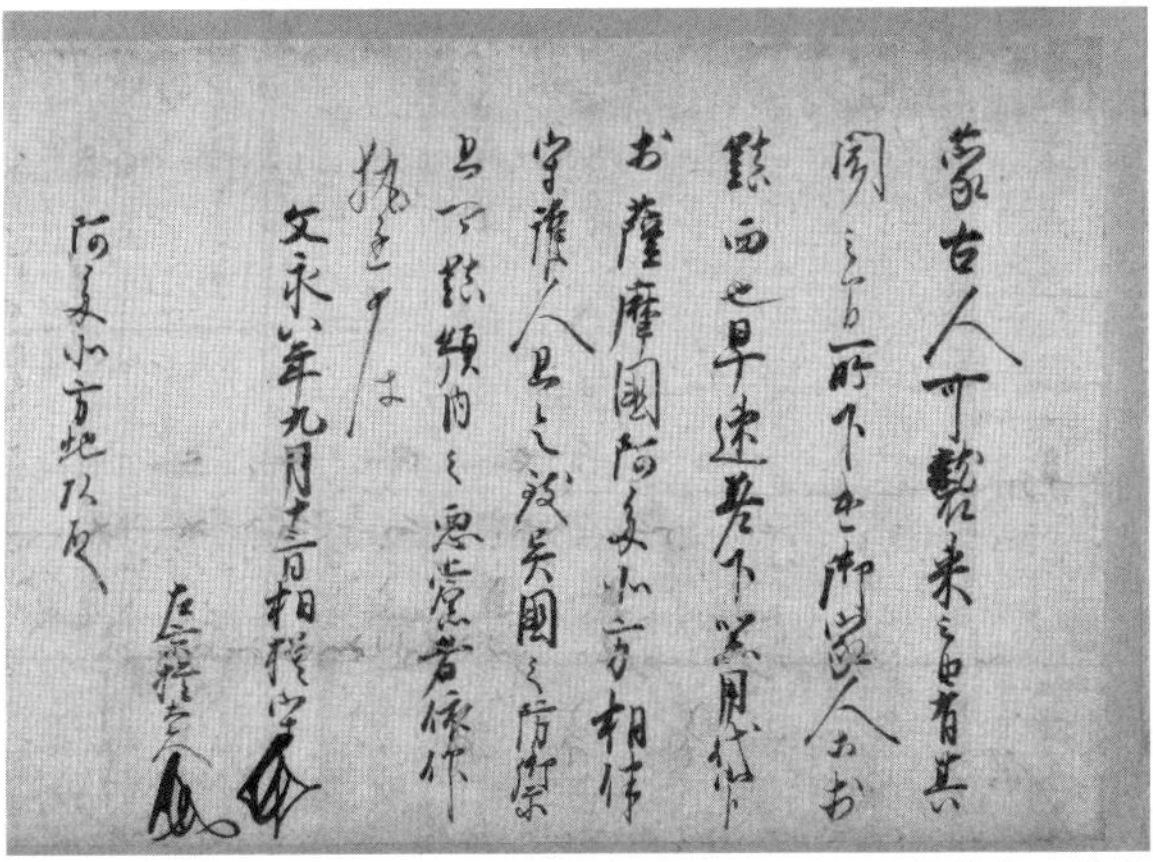

尼忍照に薩摩へ代官を下向させることを命じた鎌倉幕府の命令書（「二階堂家文書」、東京大学史料編纂所蔵）

小代氏は武蔵国入間西郷勝（小）代郷（埼玉県）に地頭職《じとうしき》をもつ児玉党《こだまとう》の一員で、小代重俊は一二四七年（宝治《ほうじ》元）子息重康《しげやす》の勲功によって野原荘の地頭職になり、その子息政平《まさひら》は増永村、泰経《やすつね》は荒尾村、資重《すけしげ》は一分村を領有していた。小代氏はこの命令を受けてただちに九州に下ったかどうかは明らかではないが、一二七五年（文永一二）に下ったことを示す史料は残っている。

二階堂氏は藤原南家《なんけ》の系統で、行政《ゆきまさ》が幕府に仕えて公《く》文所《もんじょ》の寄人《よりうど》から政所《まんどころ》の令となり、鎌倉の二階堂に邸宅を構えて氏とした。北方の地頭職は鮫島家高《さめじまいえたか》が新田宮《にったぐう》にたいする非法によって改易《かいえき》されたあと、二階堂行久《ゆきひさ》がこれを得ており、一二六六年（文永三）にその二女の忍照に譲っていたのである。忍照の代官がこの命令を受けてただちにその所領に下ったかどうかはわからないが、代官景重《かげすけ》・景忠《かげただ》らが弘安の役に出陣していることは明らかであるから、これ以前に下向していることはまちがいない。

幕府のこの命令は、単に小代・二階堂の二氏にだけ出されたものではない。東国御家人で九州に所領をもっているものは、すべて同様の命令を受けたであろう。二氏だけ明証があるのは、史料の残りぐあいによるものである。詳説は避けるが、これ以前に、東国御家人で、源平合戦直後の鎌倉幕府創業期、承久の乱、宝治合戦等を機縁として、九州に所領を得た者がかなりあった。それらの東国御家人は蒙古襲来を機として九州におもむき、直接所領の経営につとめながら異国警固番役に従い、次第に九州で土着化していく。蒙古来襲およびそれにともなう長期の異国警固番役は、東国御家人の西遷《せいせん》――在地領主化の歴史にとってきわめて重要な意義をになった。その意味でも、蒙古襲来は日本文明史上に一時期を画するものである。

❖大友・島津氏の九州下向

だが、九州に所領をもつ東国御家人は、その数も非常に多いものではなく、またたちどころに下向できたものでもない。異国防御の主要なにない手になったのは、いうまでもなく九州に定住している地頭御家人たちであった。前田家所蔵野上文書一二七二年（文永九）二月一日の大友頼泰《よりやす》の廻文《かいぶん》（触状《ふれじょう》）は、この間の事情を物語る好史料である。大友頼泰は、九州に下ってくる予定の東国御家人がまだ到着しない間は、その管轄《かんかつ》している国々の御家人を指揮し、筑前《ちくぜん》（福岡県）・肥前《ひぜん》（佐賀・長崎県）両国の要害を警備するよう幕府の令命を受けたのである。

この命令を受けた頼泰は、豊後国玖珠郡飯田郷《ぶんごのくにくすごおりはんだごう》（大分県玖珠郡九重町）を本拠とする御家人野上資直《すけなお》に廻文を送って、幕命によって警備分担の場所をうけとり、御家人代官等を警備につかせるためすでに出向いたから、ただちに自分の代官小田原景泰《かげやす》に尋ねて受持ちの場所で警備に従うようにと命じた。この廻文について、次の三点を注意しておきたい。

（一）豊後守護大友頼泰が、守護管国ではない筑前・肥前両国の要害警備を命じられていること。この両国の守護は当時は武藤資能《むとうすけよし》であった。つまり、幕府は武藤資能とともに、筑前・肥前の要害を警備するよう豊後守護（間もなく筑後守護をも兼ねる）大友頼泰に命じたのである。

（二）一三三一年（元徳《げんとく》三）四月、最勝光院所司等が、肥前国松浦《まつら》荘の本家《ほんけ》寺用米《じようまい》を同荘地頭らがおさえとどめているといって訴えており、そのなかで、同荘が異国要害として地頭らにすべて管領されたのがその原因だといっている。その事情は、おそらく文永九年のこのときから始まるものであろう（弘安八年には地頭がすべて支配する荘園となっている）。異国防御の要害地としての肥前に関する史料は少ないが、あわせて注意すべきであろう。

（三）文永九年二月の時点で、大友頼泰の代官小田原景泰の九州下向は明らかで、頼泰もこの前後九州に下っていることがわかる。文永八年、小代氏らと同時に、大友氏も九州に下るよう命じられていたのであろう。大友惣領家《そうりょうけ》は三代目の頼泰のとき、蒙古防備を機として九州に下るわけである。

大友一族の九州における土着化は惣領家よりも庶子家《しょしけ》が早く、それはすでに承久の乱（一二二一年）後、貞応《じょうおう》（一二二二〜二四）ごろからみられる。蒙古襲来を機として惣領家も直接九州に根拠をおくようになった。小代氏らの一般御家人とちがって、守護家の下向は防御戦略の指揮系統のうえからきわめて重要なことで、一一九五年（建久《けんきゅう》六）ごろ武藤氏が九州に下っていたのにつづく守護家の下向で、薩摩守護の島津氏は、大友のあと、一二七五年（建治元）に下向する。

武藤氏も、この時点で大友氏と同じような命令を受け、大友氏とあわせて鎮西東西奉行といわれる実質を発揮したものと思われる。ともあれ、こうして、武藤氏・大友氏を中心に九州の地頭御家人を主体として蒙古防備の体制がととのえられはじめたのである。一二七二年（文永九）五月一七日には、守護が出す番役勤務完了証明書としての異国警固番役覆勘状《いこくけいごばんやくふっかんじょう》がみえ、これにつづく七月二五日の覆勘状とともに、島津氏管国の薩摩国の御家人にたいして武藤資能が出したものであり、同氏のこの時点における蒙古防備体制上における地位を物語っている。こうして、異国警固番役は開始された。同番役は開始以後、制度的には何回かの変改をみるが、これ以後、鎌倉幕府倒壊までつづく。

佐渡から身延へ

❖佐渡配流

佐渡に配流された日蓮は、一二七一年（文永八）一〇月末から一二七四年（文永一一）二月にゆるされるまで、四年間のきびしい流人《るにん》生活を送る。日蓮の思想・信仰が佐渡時代を画期にして深化し、ほぼその体系をととのえたことは、日蓮みずから表明しているところである。佐渡時代の遺文は約六〇篇をかぞえ、そのなかには日蓮の思想・信仰の体系を典型的に示す『開目抄』と『観心本尊抄《かんじんほんぞんしょう》』がある。

前者は、諸経のなかで『法華経』がもっともすぐれていることを、『法華経』の救済性の深さ・広さ（二乗作仏《にじょうさぶつ》）と、釈尊は久遠《くおん》の昔に成道《じょうどう》した仏であるという仏の永遠性（久遠実成《くおんじつじょう》）とを根拠に呈示したものである。後者は宗教的真理によって統一された世界のあり方を示している。佐渡時代に示された日蓮の思想・信仰については、数多くのすぐれた論著があるので、ここでは立ち入らない。佐渡配流の原因ともなった蒙古襲来の問題に焦点を合わせ、若干のこ

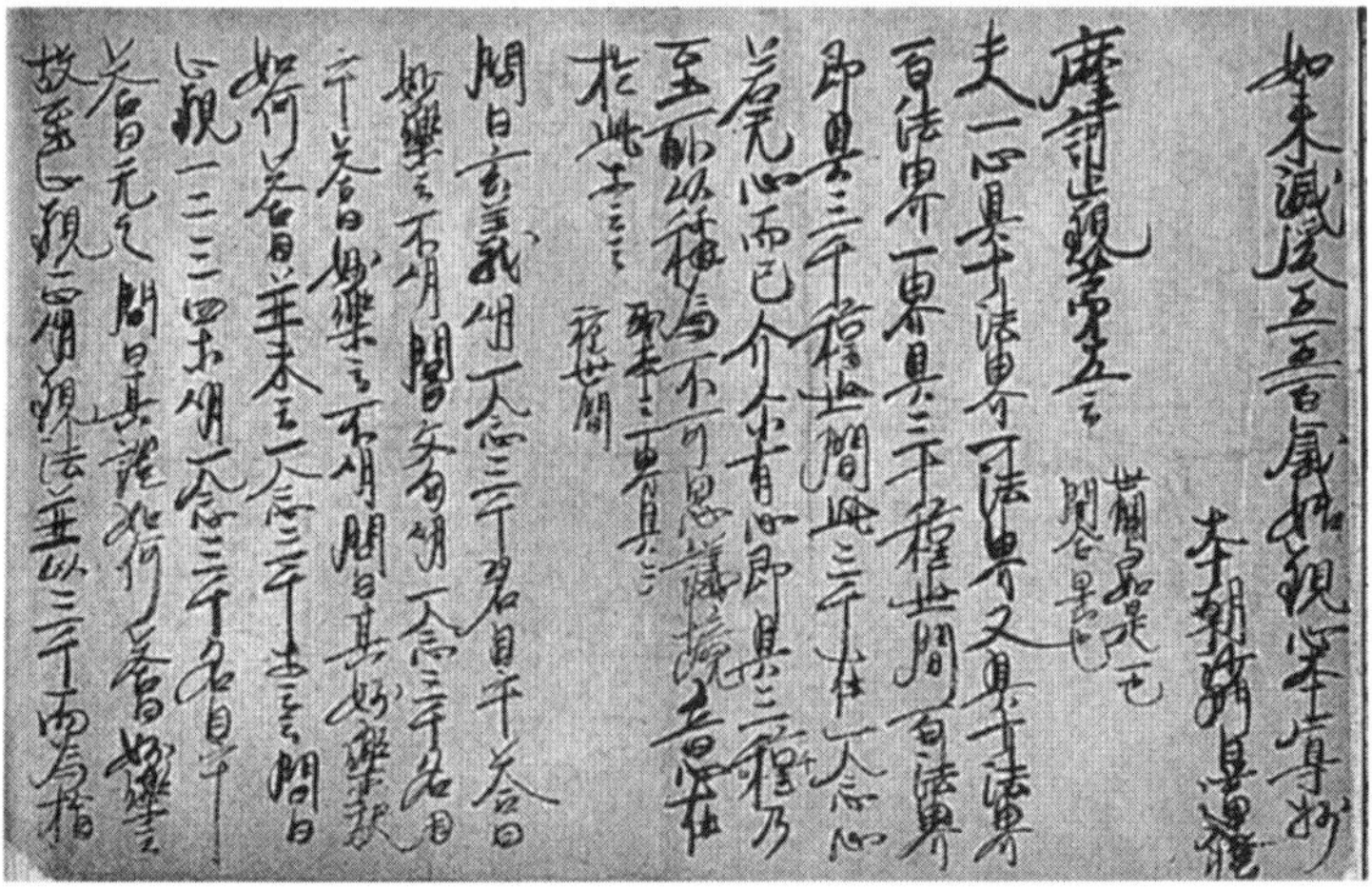

『観心本尊抄』（千葉県市川市：中山法華経寺蔵）

とを記すにとどめておきたい。

『立正安国論』で、日蓮は、護国の経典にてらしながら悪法のままであるならば内乱と外寇がおこるであろうと指摘した。外寇は蒙古国書の到来として現実のものとなってきた。佐渡に配流された翌年、一二七二年（文永九）二月、北条時輔《ときすけ》の乱がおこって、内乱の指摘＝予言と符合した。日蓮は、時宗が自分を流罪にして一〇〇日のうちに兵乱に遇《あ》った、といっている。

この時輔は、時頼の庶長子で時宗の兄である。一二六四年（文永元）に六波羅探題《ろくはらたんだい》となった。執権政村のあとに弟の時宗が擁立《ようりつ》されたのを不満としてこれと対立した。一二七二年（文永九）二月、時宗は、鎌倉において時輔に与《くみ》しているとの名目で、大蔵頼秀《おおくらよりすえ》らをつかわして、北条氏の一門名越時章《なごえときあき》、弟の教時《のりとき》らを討ち、京都では北条義宗《よしむね》に命じて時輔を襲って殺させた。『保暦間記《ほうりゃくかんき》』はこれを二月騒動といっている。あとで名越時章には罪がなかったことが判明し、討手に向かったものがかえって罪あるものとして殺されている。日蓮は名越氏となんらかの関係をもっていたようで、この内部争いにはとくに注意をしている。

日蓮は、時輔の乱がおこった翌月の『佐渡御書』にこの乱のことを記しており、「宝治の合戦（三浦氏の乱）すでに二十六年、今年二月十一日十七日又合戦あり」と述べ、「既に一門を亡《ほろぼ》す大鬼の此国《このくに》に入《い》るなるべし」と、この時代の継起的内乱について注意している。さらに同書の追伸《ついしん》で、「京・鎌倉に軍《いくさ》に死《しせ》る人人を書付てたび候へ」と、時輔の乱の詳細を報知してくれるよう弟子・信徒に依頼している。

日蓮の遺文に『夢想御書』と名づける二行書きの真蹟がある。一二七二年（文永九）一〇月二四日の夢想を記したもので、「来年正月九日、蒙古治罰《ちばつ》の為《た》めに、相国より人小向かうべし」という夢想であった。このころ、九州では、九州に所領をもつ東国御家人が異国警固のため九州に下るのと相まって、ようやく九州在地の御家人たちの異国警固が本格化しようとしていた。

また幕府は同年一〇月、諸国の守護に命じて田文《たぶみ》（土地台帳）を調査・上進させている。目的は賦課《ふか》割り当てのため田畑の員数と領主を明らかにすることにあったが、これは諸国の防衛負担能力の調査にもなるものであった。日蓮の夢想は、文永の役後、日本側から高麗を侵攻しようとした異国征伐《せいばつ》の計画を思わせるものがある。

日蓮は蒙古を、「隣国の聖人」として謗法日本をこらすためにつかわされたものである、といっているが、この段階では、もちろん日本がほろんでしまったがよいと思っていたわけではない。そのような本音が潜在意識として、このような夢想をみせたというべきであろうか。

一二七三年（文永一〇）四月に書かれた『観心本尊抄』では、弘教の法門としての摂受《しょうじゅ》（寛容な）にたいする折伏《しゃくぶく》について、上行《じょうぎょう》・無辺行《むへんぎょう》・浄行《じょうぎょう》・安立行《あんりゅうぎょう》の四菩薩が「賢王と成って愚王を誡責《かいしゃく》することだ」といっている。蒙古は、謗法日本をこらすためにつかわされた隣国の聖人＝天使だとする教理的根拠を示すものである。忍難の佐渡在島中にこの根拠が示されているところに注意したい。同抄で、自界叛逆《じかいほんぎゃく》とならぶ他国侵逼《たこくしんぴつ》のことを、蒙古襲来を予想して「西海侵逼」といっていることも注意しておいてよい。なお、真言宗をもって蒙古を調伏すれば、かえって日本はほろびるであろうという論調も、在島中に聞かれる。

❖典籍の収集と伝道

日蓮は在島中もたえず外寇問題に注意しており、一二七三年（文永一〇）九月ごろの『大果《だいか》報御書《ほうごしょ》』によると、「高麗・蒙古に関する情報をきき、釈迦如来と『法華経』を失った日本は三年をすぎぬうちにほろぼされるであろうと思っていた。現在、いくさ（時輔の乱か）や飢饉がつづいているが、国がいかようになろうとも『法華経』のひろまることは疑いない」と述べている。佐渡在島中の日蓮は、蒙古襲来の危機は、日本が悪法を自覚して『法華経』がひろま

根本寺（新潟県佐渡市〔根本寺写真提供〕）

る機縁になるとみていた、といってよかろう。

日蓮の佐渡での生活について、くわしく述べた書物は他にも多いので、くりかえしになるような叙述はさしひかえる。ここでは、日蓮が自己の教説をたしかめ、ひろめるために典籍類の収集につとめていたことを述べておきたい。

日蓮は、きわめて論証的で、なにごとかを述べるときには、かならず教典で確かめておくという姿勢を堅持していたので、集書にはなによりも意を用いていた。文永八年の法難で松葉ケ谷《まつばがやつ》の草庵が襲われたとき、草庵に一切経を備えつけていたことをみずから記しているが、これは注目すべきことである。板本の一切経をいれうる空間はかなり大きいものである。一切経を備えるには、相応の資力と意欲がなければならない。おそらくは信徒の支持によって備えつけていたのであろうが、この面からも法難直前の信奉者の層の厚さがおしはかられる。一切経の安置に視点を合わせると、一般にいわれている辻説法で雄弁をふるっている日蓮の像よりも、一切経をしらべながら庵室内で教説を説いている学究的な像のほうが、より日蓮の真実の姿に近いように思われる。

ところで、佐渡に配流された翌月の一二七一年（文永八）一一月、塚原三昧堂《さんまいどう》という陰惨な環境のなかで執筆した『富木入道殿御返事』をみると、富木常忍にあてて、一切経の要文《ようもん》、論釈の類をとりまとめて収集しておくことを、切望している。

翌一二七二年（文永九）三月の『佐渡御書』では、『貞観政要《じょうかんせいよう》』をはじめ仏教以外の典籍などがなくては、手紙も書かれないから、ぜひぜひこれらのものを集めてほしいと依頼し、さらにその追伸でも、外典抄《げてんしょう》、『法華文句』・『法華玄義』あるいは勘文《かんもん》・宣旨《せんじ》等を、佐渡へくる人にもたせてほしいと依頼している。

『貞観政要』は、唐《とう》の貞観（六二七〜六四九）中に太宗《たいそう》が臣下のものと政治について論議したのを歴史家の呉競《ごきょう》が分類編集したもので、中国における帝王学の教本であり、日本でも、『帝《てい》範《はん》』『臣軌《しんき》』および『群書治要《ぐんしょちよう》』とともに朝廷や幕府で必読の書とされていた。日蓮がみずから書写した『貞観政要』が静岡県富士宮市の北山本門寺に伝わっていることは著名であり、さきの『佐渡御書』の記事を裏書きしている。室町時代の一条兼良《いちじょうかねら》は『小夜《さよ》のねざめ』のなかで、北条氏の時代というのは、『貞観政要』と『御成敗式目』で運用されていたようなものだ、

説法する日蓮　本尊の絵曼荼羅《えまんだら》の前で『法華経』を開き、信者に説法している。（静岡県三島市：妙法華寺蔵）

といっている。日蓮が、『御成敗式目』の法としての普遍性・妥当性に信頼をよせ、『貞観政要』を教化の要具としていたのをみると、兼良の指摘は驚くべき正確さをもっていたわけである。

当時の佐渡は、日蓮自身の表現によると、

此《この》佐渡の国は畜生の如《ごと》く也《なり》。又法然が弟子充満せり。鎌倉に日蓮を悪《にく》みしより、百千万億倍にて候。一日も寿《いのち》あるべしとも見えねども、各《おのおの》御志ある故に今まで寿を支えたり（『呵《か》責《しゃく》謗法滅罪抄《ほうぼうめつざいしょう》』）。

文永九年の夏の比《ころ》、佐渡の国石田の郷一谷《いちのさわ》と云《いい》し処に有りしに預《あずかり》たる名主《みょうしゅ》等は公と云ひ、私と云ひ、父母の敵よりも宿世の敵よりも悪げにありし（『一谷入道御書』）。

というような、結局「彼国へ趣《おもむ》く者は死は多く生は稀《まれ》なり」（『法蓮抄』）という非常に悪い環境であった。

このような状態のなかでも典籍類をおよぶ限り集め、確実な典拠により、手紙を通じて信徒に教えを伝達していたのである。手紙はここでは単なる通信ではなく、高い教化性をもった宗教的メディアであった。きわめて悪い環境のなかで、確実な典拠になる文献がなければ手紙も書かれない、という手紙を送ること自体、このうえもない伝道である。真の意味の伝道とは、このようなものをいうのであろう。宗教的ロゴスはまさに肉となっている。日蓮の信徒にたいする強烈な啓蒙的教育作用には驚嘆させられる。

とくに、この作用が過去・現在・未来の三世を統一的過程としてとらえる宗教的な見方のうちにおいてあったことに注意しなくてはならぬ。日蓮にとって、配流生活のきびしい現実は、過去におかしたであろう謗法の断罪として実感され、それゆえにその苦難を忍ぶことは「今《こん》生《じょう》の小苦」にすぎないと表白された。この謗法断罪を経ることによって「後生《ごしょう》の大楽」が期待されるという日蓮の法悦《ほうえつ》の深さは測り知れないものであった。このような意味で、右にいう啓蒙的教育作用は、「今生の小苦」を「後生の大楽」に転化させる過程としてあったのだ。

なお、身延山《みのぶさん》にはいってからの日蓮の集書に関する意識と事蹟を示すものとして、一二七五年（文永一二）三月の『曽谷入道殿許御書《そやにゅうどうどのもとごしょ》』がある。同書は下総の代表的武士信徒である曽谷・大田両氏にあてたものであるが、日蓮が布教にあたって、その基礎となる経典類（聖教《しょうぎょう》）の収集をどのようにしておこなっていたかをおしはかることのできる貴重な史料である。日蓮はこういっている。――『法華経』をひろめるためにはかならず釈尊一代の聖教を安置し、各宗に関する注釈書を研究すべきである。だから自分は多くの聖教をもっていたが、伊豆・佐渡に配流され、数々の大難にあって、あるいは一巻二巻となくなり、あるいは一字二字と脱落しあるいは一部二部と失われている。もしこのまま黙って一生を過ぎれば、弟子たちにあやまりをおこさせるもとになる。あなたたち両人は越中《えっちゅう》（富山県）に所領があり、その所領のうちや、近辺の寺々には数多くの聖教があると聞いている。両人とも私の大檀那である。なにとぞわたしの聖教収集の所願を成就させてほしい。使者にこの書を持たせて早々に北国にさしつかわし、大田乗明の返報をとってただちにその是非を聞かせてほしい。

❖三たび諫めてきかれず

在島四年を経た一二七四年（文永一一）二月一四日、幕府は日蓮の流罪をゆるした。その赦《しゃ》免状《めんじょう》は三月八日、佐渡国に届いている。日蓮は、同月一三日に佐渡をたって、三月二六日、鎌倉にはいった。

四月八日、平頼綱に会見しているから、侍所へ呼び出されたのであろう。頼綱は日蓮に向かって、蒙古襲来はいつごろであろうかと問うている。いかにも防衛体制の中枢《ちゅうすう》にあるものにふさわしい質問である。日蓮は、今年中にはかならずおそってくると答えている。その年の一〇月、いわゆる文永の役がおこっているから、この〝予言〟はまさしく適中している。防衛体制の中枢にあるものとして、頼綱は蒙古襲来の時期についてある種の情報はにぎっていたはずである。日蓮にあえて問うているのは、いわば念押しであったろう。経文によりながら外国から侵略がおこなわれることをあらかじめ主張し、蒙古襲来の現実を予言することとなった、そんな日蓮に頼綱は一面少なからぬ畏敬《いけい》の念をいだいていただろう。あえて襲来の時期を問うたのも一つにはそのような心理の動きもあったからであろう。

日蓮が侍所に呼び出されたおもな目的は、〝蒙古襲来の予言者〟としての日蓮に、襲来の時期をはじめ、具体的対策があればそれを聞きただす、という点にあったろう。具体的対策といっても僧侶にきくのであるから、宗教的な問題に関するものが中心になっただろう。とくに異国降伏の祈禱《きとう》のあり方について論議がかわされたことと思われる。

異国降伏の祈禱については、一二六八年（文永五）の蒙古国書到来以来、朝廷といわず地方といわず全国的におこなわれた。朝廷の祈禱についてはかなりの史料が残っていて、相当具体的に知ることができる。それに反して幕府側の史料はあまり残っておらず、こまかく知ることはできない。とくに一二七四年（文永一一）のこの段階での幕府の指示による祈禱のあり方の詳細についてはわからない。弘安の役以後になると、各国守護を通じてそれぞれの国の一宮《いちのみや》・国分寺などに異国降伏の祈禱をおこなわせているが、これが文永の役以前からの体制であったかどうかは不明である。おそらく幕府が異国防御の体制を強化していく過程で、それまで支配下になかった荘園公領などを動員体制にくみこむことになるのと併行しているのであろう。それは文永の役後である。

祈禱といえば、ともかく真言宗がもっともあらわれている。文永の役までの間に幕府がとくに真言宗の寺や僧侶だけに異国降伏の祈禱をさせたという史料はないが、蒙古襲来の危機が深まるにつれて、とくに日蓮の目に映じたのは真言の祈禱であった。幕府が真言の祈禱に依頼するところが多かったのは事実であろう。日蓮は文永の役後から、鎌倉に真言が落ち下ってきて存外に尊重されるようになった、とくりかえし述べている。日蓮にとってみれば、真言排撃は、念仏・禅等の諸宗排撃の最後の到達点であった。

日蓮は、真言の密教《みっきょう》（東密《とうみつ》）であれ、天台の密教（台密《たいみつ》）であれ、とにかく密教による祈禱では、蒙古調伏の実があがらないことを強調した。密教祈禱による蒙古調伏に頼ることの多い幕府としては、日蓮のいい分は衝撃的で、けっして聞き入れられるものではなかった。幕府としては、このさい、より多くの神、より多くの仏に祈ることで勝ちを収めようと考えていたのである。一仏や一経に収束してしまう宗教感覚は、まったくもち合わせていなかった。またそのことを理解もできなかった。むしろ頼綱としては、日蓮が蒙古調伏の祈禱の一端をになってくれることをひそかに期待していたかも知れない。後世のものではあるが、そのことを示す史料が残っている。

頼綱はさらに進んで外交・軍事の具体的対策も聞きたかったろう。しかし日蓮の応答はすぐれて宗教的であった。法華信仰に帰一することからすべては始まるのである。日蓮は、この頼綱にたいする進言を第三度目の高名（いわゆる国家諫暁《こっかかんぎょう》）といっている。頼綱が日蓮の進言をいれる余地はどこにもなかった。

Ⅳ

異国合戦

——文永の役——

壱岐・対馬のごとく

❖熱原《あつはらの》法難

日蓮は五月一二日、鎌倉を去り、同月一七日甲斐国《かいのくに》身延山（山梨県南巨摩郡《みなみこまぐん》）にはいった。五三歳である。そのときの心境を入山したその日、信徒の富木常忍にあてて、

いまださだまらずといへども、たいし（大旨）はこの山中心中に叶《かない》て候へば、しばらくは候はんずらむ。結句は一人になて、日本国を流浪すべき（身）にて候。又たちどまるみ（身）ならば、けさん（見参）に入《いり》候べし。

と伝えている。この心境は、「いかにも今は叶ふまじき世にて候へば、かかる山中にも入りぬるなり」（『南条殿御返事』）とも表現されている。平頼綱との会見は、自説のいれられないことの確認に終わった。深い孤立感をかみしめ、流浪・漂泊の思いをこめながら、しばらくの間、身をよせるつもりで、身延にはいった。同地は武士信徒の波木井実長《はきいさねなが》の所領のうちにあった。

日蓮は一二七四年（文永一一）から一二八二年（弘安五）までの足かけ九か年を身延ですご

した。最初は流浪の旅のふりだしのつもりであったが、のちには、三度諫《いさ》めて用いられなかったから身延にはいったのだという表現にかわっている。

身延山久遠寺総門(山梨県南巨摩郡身延町〔身延山久遠寺写真提供〕)

身延の九か年は、弟子を育成し、各地の信徒の宗教上の諸問題に指針を与え、信奉者を全体としてまとめていくことについやされた。この間に、文永八年の法難で日蓮の教えを奉ずる者に加えられた壊滅的打撃は、回復された。身延の日蓮を頂点に、各地の弟子・信徒を拠点とし、下総・鎌倉・駿河《するが》等々の各地域で、教団的勢力がととのえられていった。身延の九か年は、名実ともに日蓮の生涯のしめくくりの時期であった。一二七九年（弘安二）の熱原法難や、信徒の信仰をめぐるトラブルの解決など、多忙な歳月であった。

身延に近い駿河富士郡では、日興《にっこう》を中心に日蓮の教説がひろめられていた。蒲原《かんばら》四十九院・岩本実相寺《じっそうじ》・下方滝泉《しもがたりゅうせん》寺《じ》などの天台系寺院内部に日秀《にっしゅう》・日弁《にちべん》のような日興（↓日蓮）の弟子になるものがあらわれ、農民の信奉者を形成していった。その専持法華の信仰と行動は、ついに滝泉寺院主代平左近入道行智《たいらのさこんにゅうどうぎょうち》らとの対立になり、刈田狼藉《かりたろうぜき》の問題をきっかけに訴訟事件に進展していった。熱原《あつはら》（富士市）は北条氏嫡流の所領（得宗領）であったから、この事件は得宗被官平頼綱が審理することとなった。

日蓮は弟子・信徒の名で陳状を書き、熱原の農民たちを励ましながら訴訟を指揮した。日蓮の教えを信ずるものは、旧信仰をうちくだくことによって、旧信仰を奉ずる権力自体にきびしく抵抗していったのである。この意味で、宗教はまさしく化肉の神秘ではなく社会の秘密である、といってよい。訴訟は、農民二〇名のうち三名が斬首に処せられ、一七名が禁獄《きんごく》になるという結果におわった。

日蓮の身延の生活を書いた書物は多い。今はそのこまごましたことに立ち入る余裕はない。身延九か年の間に、この後の日本の動向をきめる文永・弘安の役がおこっている。この両役を中心として、日蓮が蒙古襲来にどのように対応したかを述べていこう、これが本書のまさしく主題なのである。

❖御用《おんもちい》あらば

日蓮が身延山にはいった年、一二七四年（文永一一）の一〇月、ついに蒙古が襲来した。同

身延山久遠寺の日蓮草庵跡（山梨県南巨摩郡身延町）

月三日、二万八〇〇〇の兵が九〇〇艘《そう》の船艦に分乗し、高麗の合浦《がっぽ》（今の馬山《マサン》）を進発した。この大船隊は、一〇月五日の午後には対馬《つしま》（長崎県）の西方に達する。

日蓮の蒙古襲来自体にたいする発言は、残存の遺文でみるかぎり、文永の役後から弘安の役がはじまるまでの文永末年―建治年間（一二七五～七八）がもっとも多い。弘安の役については、そのことにふれた手紙が四通残っているにすぎない。つまり、日蓮の蒙古襲来にたいする発言は、文永の役に関するものがほとんどなのである。文永の役後から弘安の役直前までの期間は、蒙古の再度の襲来にそなえて、日本がとくに緊張した期間であり、蒙古襲来の緊張のなかでその教説を展開した日蓮が、この時期に、蒙古襲来にふれることが多かったのは当然である。弘安の役に関してほとんどふれていない理由については、本書の最後のほうで述べよう。

日蓮が文永の役のことを述べているのは、文永一一年一一月一一日の『上野殿御返事《うえのどのごへんじ》』がいちばん早く、同月二〇日の『曽谷入道殿御書《そやにゅうどうどのごしょ》』がこれに次いでいる。蒙古軍が対馬をおそったのが一〇月六日(『兼仲卿記《かねなかきょうき》』では一〇月一三日となっている)、一四日に壱岐《いき》(長崎県)をおそい、一九日に博多湾に進入し、二〇日、百道原《ももちばる》(福岡市早良区)に上陸、激しい交戦がおこなわれ、翌二一日、蒙古の軍は海上から姿を消していた。現存の遺文でみるかぎりでも、日蓮は文永の役の模様を、その二〇日後には知っていたわけである。蒙古の軍が対馬をおそったことは、対馬の守護代から博多に伝えられ、早馬で京都に報告され、京都では一〇月一七日にそのしらせを受けている。日蓮の情報入手はすこぶる早い。おそらく、富木氏や四条氏など、鎌倉の政界の動きに通じている武士信徒からの通報によったものであろう。

日蓮は文永の役に関して、信徒にどのような意図で何を述べたのであろうか。この点を明らかにしていくことが、本章のねらいである。以下、順を追って説明していこう。

まず、佐渡流罪をゆるされた直後の平頼綱との問答をくりかえし述べているのが目立つ。日蓮が頼綱に述べていたことは、蒙古調伏を真言師におおせつけてはいけないということと、本年(文永一一年)中に蒙古は襲ってくるであろう、ということであった。だから「いひしことむなしからずして、大蒙古国もよせて、国土もあやをしげになりて候へば」(建治元年五月、『妙一尼御前御返事《みょういちあまごぜんごへんじ》』)と説くのである。

蒙古調伏を真言師におおせつけてはいけない、というのは、一つには教理的に「法華経はめでたく、真言はをろか」であること、二つには現実の証拠として承久の乱に後鳥羽《ごとば》上皇が真言の祈禱に頼ってかえって関東にうちまけていること、この二点からいうのである。このような真言で蒙古調伏をすれば「日本国やまけんずらん」と推量される、というのが日蓮の主張であった。

真言師云々《うんぬん》というのは、真言の一宗・一教義に限っていうのではなく、日蓮のいわゆる、国土の大なるわざわい、邪見・悪法の代表としていうのであり、念・禅などを責めてきたのは法華宗と真言宗とのちがいを明らかにするためであった、と意義づけられている。だから、日本国をたすけようとしてこれらの邪法を退けるべく批判を加えてきたのだ、という。

しかし、この主張は用いられないだけでなく、逆にたびたび迫害をうけることとなった。蒙古の襲来が現実となり、日蓮としては心から「申せし事を御用《もちい》あらば」とくやまれるの

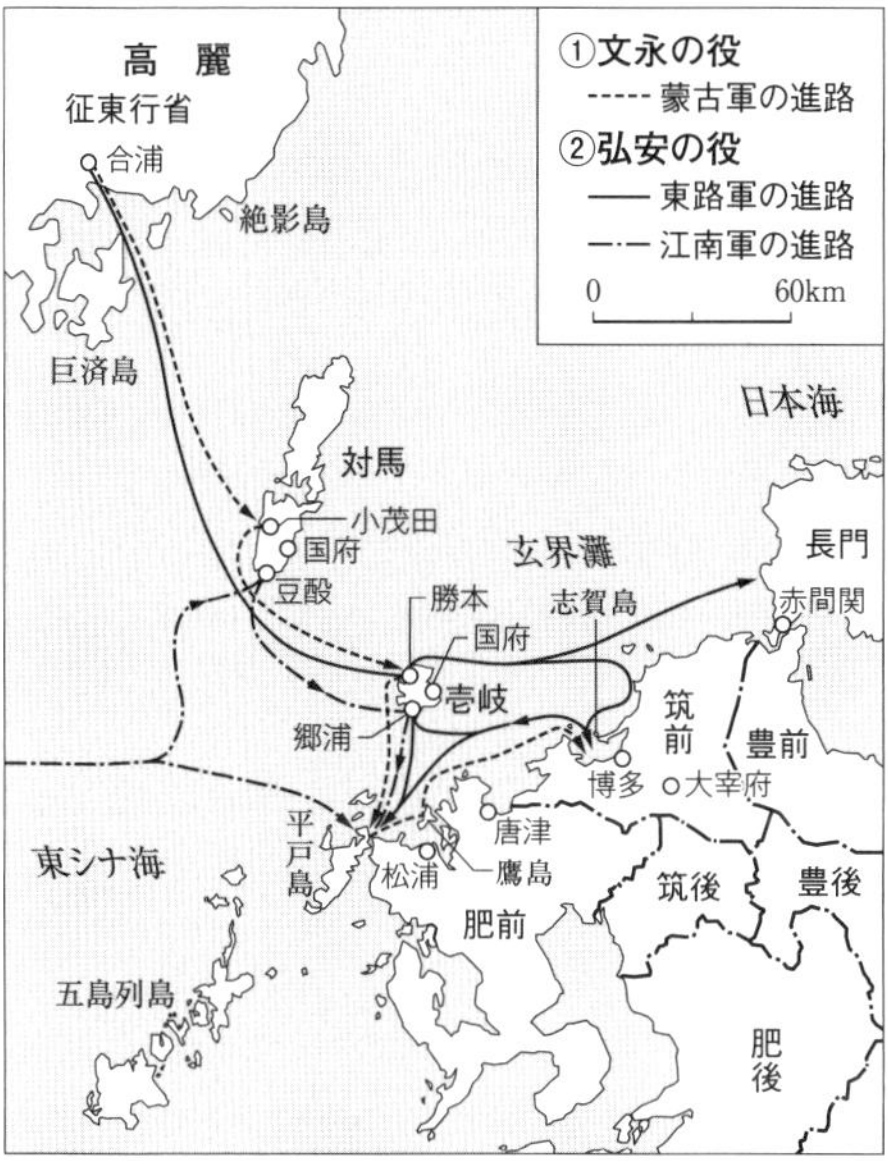

蒙古襲来地図

であった。

❖涙もとどまらず

次に、文永の役に関る日蓮の発言で、とくに顕著なことは、蒙古の襲来による被害をくりかえし強調していることである。被害を直接にいちばんひどくうけたのは壱岐・対馬であるから、日蓮は二島の被害状況を、信徒にあててくりかえし述べている。

文永の役のことに最初にふれている『上野殿御返事』に、

皆人の当時のゆき（壱岐）・つしま（対馬）のようにならせ給はん事、おもひやり候へば、なみだもとどまらず。

とみえるのをはじめ、一二七五年（文永一二）四月の『兄弟抄』、一二七五年（建治元）八月の『乙御前御消息《おとごぜんごしょうそく》』・『妙心尼御前御返事』等々、同様な叙述が、信徒あての手紙のなかでくりかえされている。

日蓮は壱岐・対馬の被害を、単に総括的に述べるだけでなく、被害の状況を具体的になまなましく伝えている。次の一二七五年（建治元）五月四日の『一谷入道御書《いちのさわにゅうどうごしょ》』がそうである。同書は蒙古襲来関係史料としてなかなか貴重であるし、そんなに難解な文章でもないから、原文をかかげてみよう。

されども去《さる》文永十一年太歳甲戌十月に蒙古国より筑紫によせて有《あり》しに、対馬の者かためて有しに宗《そう》摠《う》馬尉《まのじょう》逃ければ、百姓等は男をば或は殺し、或は生取《いけどり》にし、女をば或は取集て手をとおして船に結付《ゆいつけ》、或は生取にす。一人も助かる者なし。壱岐によせても又如是《またかくのごとし》。船おしよせて有けるには、奉行入道豊前前司は逃《にげ》て落《おち》ぬ。松浦党は数百人打《うた》れ、或は生取にせられしかば、寄たりける浦々の百姓ども壱岐・対馬の如し。

文永の役の壱岐・対馬の戦闘過程に関する日本側の史料は、『八幡《はちまん》愚《ぐ》童訓《どうくん（きん）》』ぐらいのもので、その被害状況を述べているのは、『愚童訓』と日蓮のこの書ぐらいである。ほかに日澄《にっちょう》の『日《にち》蓮聖人註画讃《れんしょうにんちゅうがさん》』があるけれども、『註画讃』の蒙古襲来関係の記事は『愚童訓』と日蓮の『一谷入道御書』・『妙密上人御消息《みょうみつしょうにんごしょうそく》』を材料にして書いたものであり、直接史料としての価値はない。

『愚童訓』も鎌倉末期の成立であるとみられる。時代的なへだたりからいえば、その史料的な価値はかならずしも第一等のものとはいえないが、文永の役の壱岐・対馬の戦闘過程に関する具体的な記事は、現在のところ『愚童訓』以外には求めがたい。『一谷書』に伝えられている文永の役の壱岐・対馬の被害状況は、蒙古襲来にもっとも深い関心をよせていた同時代人の書いた記事である。その意味で、文永の役の壱岐・対島——つまり文永の役に関する史料として、日蓮の『一谷書』の記事はすこぶる貴重である。

文永合戦の一場面　馬上が竹崎季長。先頭の蒙古兵の横で破裂しているのが「てつはう」。すぐ左の3人の蒙古兵は後世の書き加えとの説もある。

さきにかかげた『一谷書』の記事について、文永の役に関する史料としての価値がどのようなものであるかを説明してみよう。

日蓮は『一谷書』で、「宗摠馬尉逃ければ」と書いているが、『愚童訓』では、宗《そう》馬允《うまのじょう》は蒙古軍を迎え撃《う》って一〇月五日辰《たつ》の終わりに討死《うちじに》し、宗馬允の郎等が博多に渡って戦況と被害状況を報告した、と伝えている。『愚童訓』が伝えるような実情であったのを、日蓮は宗馬允は逃げたと、誤り聞いたのかもしれない。

壱岐・対馬の島民が殺されたり、いけどりにされたり、あるいは取り集められて手に綱をとおして船に結びつけられるなどの残虐《ざんぎゃく》な行為を加えられた、という

（『蒙古襲来絵詞』：宮内庁三の丸尚蔵館蔵）

「史実」はよく知られているが、これはほかならぬ日蓮のこの書をふまえてのことである。福岡市東公園に建てられている日蓮銅像の台座には、日蓮によって伝えられた蒙古軍の残虐行為が、矢田一嘯《やだいっしょう》（一八五九～一九一三）の原画で、銅板に鋳出《いだ》されている。

この台座は八角形の銅板で、正面に「立正安国」の四文字が鋳出され、あとの七面には、元寇絵巻がレリーフ（浮彫）となって展開されている。その原画者の矢田一嘯は菊池容斎《ようさい》に日本画を学び、アメリカでパノラマと活人画を学んだ人で、日本におけるパノラマの普及に力があった。一九一三年（大正二）四月、東公園の仮寓《かぐう》で死去している。

蒙古兵の残虐場面　福岡市東区の東公園にある日蓮像台座にあるレリーフ。矢田一嘯の原画をもとにしている。

日蓮の銅像像（福岡市東区東公園）

この銅像は日蓮宗僧侶佐野前励《ぜんれい》らを発起人として一九〇四年（明治三七）一一月に完成したもので、彫刻主任は東京美術学校（現在の東京芸術大学）の教授竹内久一であり、鋳造主任は同校教授岡崎雪声《せっせい》である。像および台座の高さは一一・五五メートル、重量は七四・二五トンの巨像である。美術品としてもまさに明治彫刻の代表的作品である。設立の趣旨は、日蓮が元寇の役にさいして一生懸命に祈り、国家に尽くすところ多大であったから、というところにあった。

この日蓮の銅像は湯地丈雄《ゆじたけお》の元寇記念像設立運動と関連して建てられたものである。湯地の運動は、記念像という単なる物の造立をはかったものではなく、日清・日露の両戦争をなかにはさんで、明治の日本人に「国家防護の観念」をうえつけることを意図した「護国の大業《たいぎょう》」であった。矢田一嘯の画いた蒙古襲来大絵巻は、この運動のもっとも効果的な要具であった。元寇史料集として今日でも最高の地位を保っている『伏敵編』もこの運動の過程から生まれたものである。なお、湯地の元寇記念像設立運動にもとづいては、亀山《かめやま》上皇《じょうこう》銅像が製作され、日蓮銅像と同時に落成した。この像は、日蓮銅像の東一五〇メートルのところに建っている。

『高麗史《こうらいし》』や『東国通鑑《とうごくつがん》』によると、一二七四年（文永一一）一一月、捕虜になった日本の少年少女二〇〇人が高麗王および王妃に献じられたと記されている。おそらく壱岐・対馬のものがその大部分であったろう。日蓮は蒙古襲来のことをいうばあい、壱岐・対馬の人々がとらわれたことを述べ、今後また攻められたらとらわれの憂目《うきめ》をみるであろう、ということを再三いっているが、これは事実をふまえていたのである。

❖国はまさに滅びようとしている

『一谷書』には、前に引いたように、「奉行入道豊前前司は逃《にげ》て落《おち》ぬ。松浦党は数百人打《うた》れ」と書いてある。同様なことは『種種御振舞御書』にもみえ、「同十日に大蒙古国が攻めきて、壱岐・対馬の二か国を打ち取ったばかりでなく、大宰府《だざいふ》をやぶられ、少弐《しょうに》入道や大友らはそのことを聞くやいなや逃亡し、彼ら以外の軍兵も、そう戦いもせずおおかた討たれた」と書いてある。同書の史料的性格から、この記事全部を日蓮の書いたものといえるかどうかはわからないが、大綱は『一谷書』と同じである。

奉行入道豊前前司（少弐入道）というのは、大宰少弐武藤資能のことで、法名は覚恵《かくえ》といった。大友は大友頼泰のことである。武藤・大友の両氏は、鎌倉幕府の初期から九州統治のうえに特殊な権限をもち、鎮西西方奉行、鎮西東方奉行と呼ばれていた。文永の役の段階では両氏は九州防衛体制の責任者であり、とくに資能は大宰少弐として、直接、蒙古との外交交渉にあたっていた。武藤資能・大友頼泰が文永の役で戦闘指揮を放棄して逃げたことは、当時ひろく知られていたことであったらしい。『八幡愚童訓』には、次のような、両氏を揶揄《やゆ》した落首《らくしゅ》を伝えている。

　臆病《おくびょう》を如何少弐《いかにしょうに》の入道が恥を覚恵《かくえ》の名にぞ落ちける
　大友は子共打《こどもうち》つれ落行《おちゆき》て方々にこそ頼康《よりやす》みけれ

武藤資能は筑前・豊前（福岡・大分県）・肥前・肥後・壱岐・対馬の守護職をもっていたが、文永の役後から武藤氏の守護職は減少している。文永の役で資能が指揮能力に不足があり、あまり勇敢に戦わなかったことが原因の一つになっていよう。前述のように、『一谷書』に松浦党が文永の役で数百人討たれたと伝えているが、『愚童訓』にも松浦党が多く討たれたと伝えている。とにかく日蓮は、壱岐・対馬の惨状をはじめ、文永の役全般についてのかなりこまかい情報を入手していたようで、若干の聞き誤りはあろうが、文永の没に関する日蓮遺文の史料的価値は、現在のところ、やはりいちばん高い。

では、なぜ日蓮は、壱岐・対馬の惨状や日本軍の苦戦など、文永の役の敗北的な側面をくりかえし述べたのであろうか。もちろん、この側面は事実であったから、日蓮がその事実をくりかえし述べ、伝えているからといって、ちっとも不思議ではない。しかし、蒙古襲来について、もっとも深い関心を寄せ、文永の役に関して多くの事柄を知っていた日蓮が、その敗北的側面をとくに強調しているのには、それなりの意図があったからである。

それはいうまでもないことであるが、法華信仰にもとづくこれまでの主張と確信につながることである。壱岐・対馬が蒙古におかされたのは、念・禅・律・真言等の邪法をしりぞけて『法華経』の信仰に帰一させようという意見を北条氏が用いず、かえって邪法による蒙古調伏をおこなわせるから、『法華経』にいうように、日本はみずからをそこなう結果になったのだ。このままでは日本全体が壱岐・対馬のようになり、国をうしなうことになろう。

日蓮は、邪法盛行をとどめないためにおこった現証の一部として、二島の惨状に関する聞き伝えを信徒に強調したのであり、今後なお邪法盛行を放置するならば、二島においてあらわれた部分的現証が日本全体におよび、日本そのものがほろびてしまうであろう、と説いているのである。だから日蓮の真意は、二島の被害を実物教訓として、邪法を正法に転じなければならない、というのである。

正法＝法華信仰に帰一されることによって国を救おう、という点をそのままに認めるならば、日蓮は〈宗教的真理の樹立をとおして〉日本をこよなく愛した人、ということになる。しかし日蓮にあっては、正法帰一＝専持題目がすべてのことがらの前提である。安国や救国が先にあるわけではない。かつ、日蓮の捨身の主張にもかかわらず、いわゆる邪法は、目にみえてしりぞけられたわけではない。

文永の役に〝神風〟は吹いたか

❖〝神風〟論争

文永の役に関することがらのうち、壱岐・対馬の被害をはじめ日本側の敗北的側面を強調している日蓮は、大風雨によって蒙古軍が覆滅《ふくめつ》したこと、いわゆる〝神風〟による「勝利」の面についてはどのように述べているのであろうか。大風雨――〝神風〟について、現存の日蓮遺文中、そのことを正面きってはっきりいっている箇所はこれだと、誰も今までに指摘したことはない。それはなぜか。遺文の残りぐあいによるものではないか、ということがいちおう考えられる。しかし、もっとつっこんで、その事実がなかったからではないか、というところまで、考えを進めてもよかろう。

元朝の正史『元史日本伝』は、文永の役における蒙古軍の撤退について、「官軍整《ととの》わず、又矢尽」きたから、撤退したと伝えている。日本を攻めきれなかったので撤退したというのである。文永の役の終局については、古くから朝鮮文献の『東国通鑑』をおもな典拠に、大風雨によって侵略軍は敗退した、というのが定説であった。

ところが気象学者の荒川秀俊は、一九五八年（昭和三三）六月の『日本歴史』一一〇号に「文永の役の終わりを告げたのは台風ではない」という論稿をかかげ、次のような新しい意見を出した。

第一に一〇月二〇日（現行の新暦では一一月二六日）はすでに台風シーズンの去ったあとであるし、第二に信頼すべき文書には大風雨がおこった証拠がないとし、文永の役に大風雨があったというのは弘安の役と混同したのではないかと推定し、蒙古軍の退去は、予定の撤収作戦であった、というのである。

第一の論拠として、一九四四年（昭和一九）に刊行された中央気象台の『日本颱風《たいふう》資料』を使用し、過去五〇年間の統計を提示している。大風雨によって蒙古軍が敗退したという説の基礎になった『東国通鑑』の該当箇所の記事は、予定の退却――撤収作戦中に大風にあったと解すべきだとし、文永の役には難破船が海岸にほとんどなかったらしいことも、自分の意見をささえるものだとしている。

筑紫《ちくし》豊《ゆたか》も荒川の意見をふまえて、『西大《さいだい》勅諡《ちょくし》興正《こうしょう》菩薩《ぼさつ》（叡尊《えいそん》）行実年譜《ぎょうじつねんぷ》』によりながら（後述）、一〇月二一日の朝、姿を消した蒙古軍は一一月五日対馬あたりで猛風にあったという意見を出し、この記事がさきの『東国通鑑』（同じ記事で上質な史料は『高麗史』である）に記す

「会夜大風雨、戦艦触巌崖多敗」というのに一致するのではないか、と述べている（昭和三八年一一月『日本歴史』一八六号）。

荒川の意見が出されたあと、龍粛《りょうすすむ》や中村栄孝《ひでたか》などの歴史家から批判が出され、荒川はさらに反批判を試みている（「文永の役の終末について諸家の批判に答う」昭和三五年七月『日本歴史』一四五号）。今はそのいちいちに立ち入る余裕をもたない。荒川のように近来の気象資料を材料に考えるのも一つの有効な方法にはちがいないが、それはあくまで類比の範囲を出るものでない。なんといっても当代の史料から迫るのが、いちばんまともな方法であろう。

文永の役の終末に関する史料を、いわゆる〝神風〟に焦点をあわせて整理してみたら、次のようになった。もちろん、大風雨がなかった、と積極的に書いている史料はない。だから、ここに整理した史料は、『八幡愚童訓』をのぞいて、みな、文永の役のおり〝神風〟が吹いたということを記したものばかりである。

❖〝神風〟史料

文永の役の結末を告げる史料として歴史家が第一にあげるのは、勘解由小路兼仲《かでのこうじかねなか》の日記『兼仲卿記《かねなかきょうき》』（『勘仲記《かんちゅうき》』ともいう）文永一一年一一月六日条である。

ある人がいうには、去る頃凶賊《きょうぞく》の船数万艘が海上から攻め寄せてきたが、にわかに逆風が吹いて、本国に吹き帰され、少しばかりの船は陸に乗り上げた。そこで大友頼泰の郎《ろう》従《じゅう》たちが凶賊五十余人をとりこにした。頼泰の郎従は、これらの捕虜《ほりょ》をつれて、京都にやってくるそうだ。逆風のことは、まさに神明の加護というべきであろう。やんごとなく貴いことだ。神明の加護は、ほんとにたのみになる。

この記事を根拠に、にわかに逆風が吹いて敵軍が敗退した、と解釈する龍粛の意見にたいして、荒川秀俊は、うわさを楯《たて》にして文永の役の結末とするのは明らかに不当で、「あたかも渡洋艦隊を婦女子の作った笹舟のごとくに見たてる愚をあえてするもの」だと批判している。

ところが今一つ、文永の役での〝神風〟による結末を伝える同時代の直接史料がある。これは今まであまり注意されていない史料である。『薩藩《さっぱん》旧記雑録前編』巻五・国分寺文書に収める一二七五年（建治元）一二月三日の官宣旨《かんせんじ》案・翌年正月の大宰府庁下文《くだしぶみ》案がそれである。これは、薩摩国に命じて同国の天満宮ならびに国分寺を造営させたものであるが、そのことを請うた国分寺の願いのなかに次のように述べている。

蒙古の凶賊等が鎮西に来着し、合戦をしたが、神風が荒れ吹き、異賊は命を失い、その乗船は海底に沈んだり、あるいは入江や浦にうち寄せられた。

薩摩国の国分寺は現在の鹿児島県川内《せんだい》市にその遺跡があり、先年調査された。平安中期以降に大宰府天満宮の別当寺である安楽寺の領となり、安楽寺では天満宮を勧請《かんじょう》して薩摩国分寺の鎮守《ちんじゅ》とした。つまり国分寺は安楽寺を本家にしていたのである。

この史料は、薩摩国の天満宮ならびに国分寺が造営を願い出た奏状のなかにあるものであるから、神仏の威をとくに誇称する向きはあるが、文永の役の直後のことであり、前の『兼仲卿記』にも劣らぬ史料価値をもつものである。『兼仲卿記』で大風雨のことを「神明の御加被《かび》(加護)」といっていたのが、ここでは、明らかに「神風荒れ吹き」と表現されている。「神風」という表現は、文永の役直後にはすでに使用されていたのである。

これまでに紹介した史料からいっても、文永の役の終末に、いわゆる〝神風〟が吹いたことは否定できない。〝神風〟が文永の役に結末を与えたものかどうかという疑問は残るにしても——。

佐賀市大和町大字川上には、肥前国一宮《いちのみや》として知られた河上神社《かわかみじんじゃ》がある。そこの所蔵文書のなかに一三〇三年(乾元《けんげん》二)四月の河上社座主弁髪解状《ざすべんはつげじょう》があり、そのなかに、

文永弘安の今は風雨の神変を施《ほどこ》して幾多の賊船を波涛に摧《くじ》き……

という表現がみられる。

文永の役後二七年の段階で、文永・弘安の両役において「風雨の神変」があって多くの賊船が漂没《ひょうぼつ》したと述べているのは注目すべきである。ただ、この表現をどう解釈するかについては、意見が分かれよう。すなわち、文永・弘安の両役に「風雨の神変」があったと解釈するか、疑

う余地のない弘安の役の〝神風〟にひっかけて、あるいはそれを連想しながら文永の役にも〝神風〟があったと書いたものだと解釈するか、である。

これまでに説明してきた史料からいうと、前者のように解釈してさしつかえないから、この史料的表現に素直に従って、文永・弘安の両役に「風雨の神変」があったと書いているものだとしておこう。

❖蒙古の船は皆馳《は》せて帰っていた

文永の役の戦闘過程に関する史料としては、『八幡愚童訓』や『竹崎季長絵詞《たけざきすえながえことば》』(『蒙古襲来絵詞』)がおもなものであるが、『愚童訓』は〝神風〟関係史料としても貴重である。『愚童訓』は歴史上における外寇・兵乱についての八幡神の霊験《れいげん》を説いたもので、鎌倉末期の成立と考えられる。このなかに、次のようなことが書かれている。

その夜、筥崎宮《はこざきぐう》(福岡市東区に所在)の社檀《しゃだん》のなかから火が出て焼けたのは悲しいことであった。ところが夜が明けて二一日の朝になり、海の面を見たところが、蒙古の船どもは皆馳《は》せて帰っていた。蒙古から攻められて日本人は皆殺しにされるだろうと終夜嘆き合っていたのに、これをみて、どうして蒙古の船は帰っていったのだろう、ただごとでないと泣き笑いして、ようやく人心《ひとごころ》ついた。

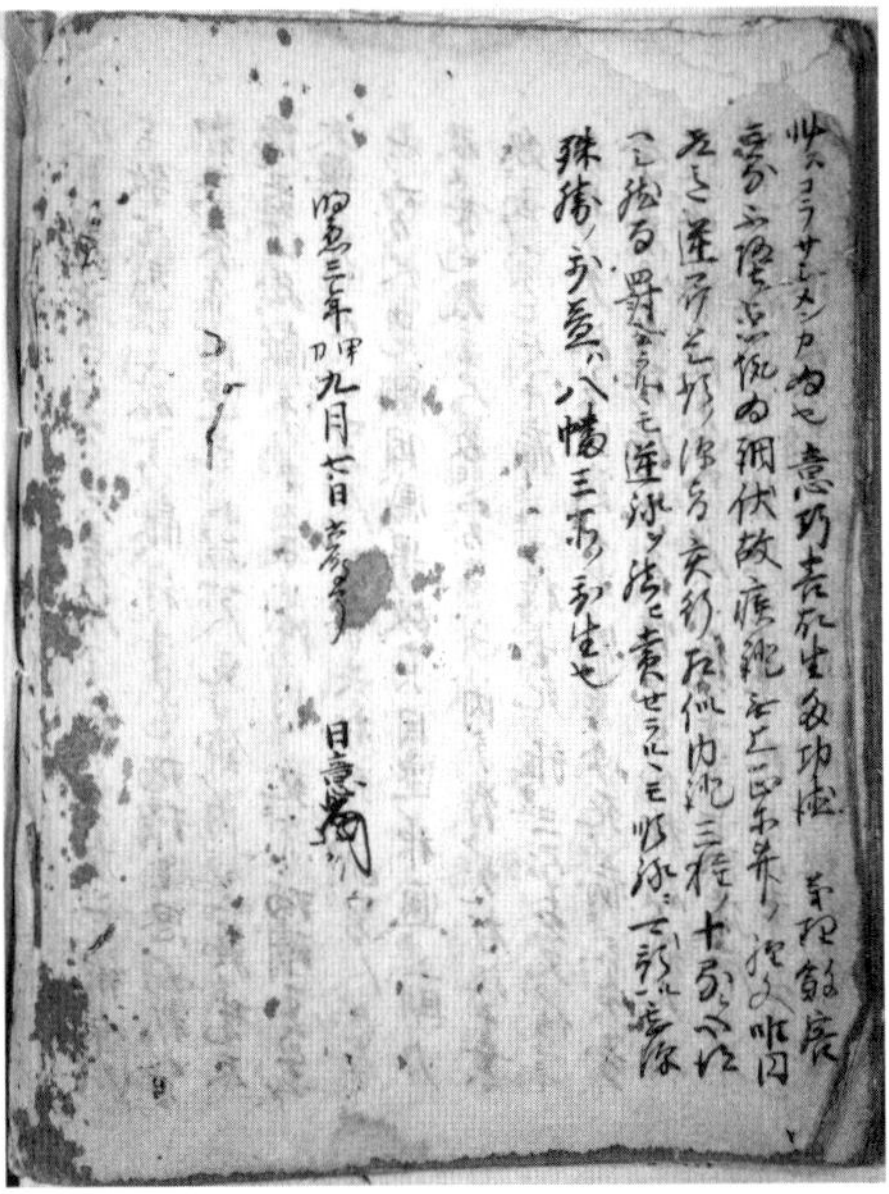

日意（身延山第12世）上人『八幡愚童訓』の奥書（山梨県南巨摩郡身延町：身延山久遠寺蔵）

二〇日の合戦のあと、二一日の朝には、蒙古の船影はまったく見えなくなっていた、というのである。『愚童訓』の成立は、文永の役後しばらくしてからであるが、すくなくとも蒙古襲来の被害を直接にうけていた筥崎宮でこのように伝えていたことは重視しなくてはならない。ここでは、二〇日の夜大風雨があり、そのために蒙古の船が敗退したとは書いていない。『愚童訓』の記述に即するかぎり、蒙古軍は自主撤退をしたのだという解釈が成り立ちうる。そのうえで前述の〝神風〟史料を関連させてみると、文永の役で、いわゆる〝神風〟は吹いたが、それは蒙古軍の撤退途上のことであった、ということになる。

『愚童訓』には、弘安の役には大風を吹いて異賊をたいらげた、と八幡神の威力を説いているが、文永の役に関しては「猛火を出し」とあるだけで、大風云々にはふれていない。

右の『愚童訓』に関連する史料として、筑紫豊が指摘した『西大《さいだい》勅諡《ちょくし》興正《こうしょう》菩薩《ぼさつ》行実《ぎょうじつ》年譜《ねんぷ》』

がある。西国から、文永一一年一一月五日の亥刻《いのこく》（午後一〇時ごろ）猛風がしきりに吹いて蒙古の大船百余艘が海中に沈没した、という注進があった、という記事である。

二一日の朝姿を消した蒙古の船艦のうち百余艘が一一月五日、つまり撤退途上に猛風にあい沈没した、ということになる。

右の『年譜』は、元禄年間（一六八八〜一七〇四）に京都西山の浄住寺の僧慈光《じこう》が西大寺の叡尊（思円《しえん》上人、興正《こうしょう》菩薩）の自叙伝ともいうべき『金剛仏子叡尊感身学正記《こんごうぶっしえいそんかんしんがくしょうき》』をもとにして、当時伝存していた原史料を配しながら編んだ叡尊の年譜である。本篇三巻・付録二巻で、奈良国立文化財研究所刊行の『西大寺叡尊伝記集成』に収められている。右の記事も何か拠るところがあって書いたものと思うが、後世の編纂物《へんさんぶつ》であるから、その記事の取り扱いは吟味《ぎんみ》を要する。二次的な史料として心得ておこう。

❖ 通説再確認

これまでに日本側のめぼしい〝神風〟史料を紹介してきたが、問題は攻めてきた側の記事である。『高麗史』巻二八・「忠烈王世家《ちゅうれつおうせいか》」即位の年冬一〇月三日の条にみえる「たまたま夜大風雨があり、戦艦は巌涯に触れ、多く敗れた」という記事が、いちばん直接のものである。同書巻一〇四、金方慶伝《きんほうけいでん》の記事、および『東国通鑑』の記事もほぼ同じである。

ところで肝心なことは『高麗史』の「及暮乃解、会夜大風雨」（巻二八）、「遂引兵還、会夜大風雨」（巻一〇四）の記事を、二〇日の戦いに連続させ、大風雨をその夜のことと解釈するか、そういう解釈を否定するか、である。前の解釈に立つのが、いわゆる通説である。『高麗史』の文脈からいえば、通説のように解釈してさしつかえない。

しかし、日本側の〝神風〟関係史料で、大風雨のあった日時を限定して解釈できるのは、たかだか『兼仲卿記』ぐらいのものである。それも、一〇月二〇日夜から一一月六日までの間のこととしてうけとられ、京都への情報入手の期間を考慮に入れて、一〇月二〇日夜に近い、というところまでは限定できる。だが、それを直接、一〇月二〇日夜のことであると断定はできない。『高麗史』の記事を、文脈上、二〇日の戦闘に続くものと解したうえで『兼仲卿記』を合わせれば、二〇日夜に大風雨があった、ということになる。つまり『高麗史』の記事の解釈のいかんに重点がおかれるのである。

〝神風〟について、ずいぶんこまかいわずらわしいことを述べてきた。ここらへんで、この問題をいちおうまとめておこう。まず、博多での陸上戦闘がおこなわれた一〇月二〇日の夜から、一一月に蒙古軍が合浦に帰還してしまうまでの間に、蒙古軍が大風雨にあっていることは確かである。それがいつであったかということになると意見が分かれる。それについては、今まで述べてきたことを整理してみると、次の三つの意見が成り立ちうる。

一つは、二〇日夜という、いわゆる通説。次に、筑紫豊が一一月五日といっているように、二〇日夜から蒙古軍が合浦に帰還するまでのある時点を指示すること。最後に、二〇日夜から合浦に帰還するまでの間という、広い解釈をとること。

わたしの解釈はこうである。たいへん歯切れの悪いことであるが、前の三つの意見のうち、二・三を考慮に入れながら、いちおう通説を支持しておきたい。理由は、通説成立の根拠について述べたことに力点をおくからである。しかしそれは、二・三の意見について述べたことを完全に排除するものではないから、あくまでいちおうのことである。

ところで蒙古襲来について、当時の日本人のうちもっとも深い関心をよせていた日蓮は、文永の役の〝神風〟について、ほんとうに何も述べていないのだろうか。

❖蒙古王を召し捕れ

一二七九年（弘安二）一〇月、熱原法難にさいして、日蓮は駿河富士下方《しもがた》の日秀らにかわって『滝泉寺申状《りゅうせんじもうしじょう》』を書いた。これは、正しくは申状（訴状）ではなく、陳状《ちんじょう》（訴状にたいして、陳弁のために出す文書）であるから、以下『陳状』と書く。このなかに、

聖人国に在るは日本国の大善にして蒙古国の大憂《だいゆう》なり。諸竜を駆り催《もよお》して敵舟を海に沈め、梵釈《ぼんしゃく》に仰せ付けて蒙王を召し取るべし。

という記事がある。日蓮は、竜が雲をおこし雨をふらすという古来からの説をうけいれていた。「諸竜を駆り催して敵舟を海に沈め」というのは、その日時はともかく、文永の役の終末に大風雨による敵艦の漂没《ひょうぼつ》があったことを反映している表現だと理解してよかろう。そうだとすれば、この『陳状』は、日蓮が文永の役の〝神風〟にふれている唯一の史料だということになる。そして、文永の役の〝神風〟に関する史料としてもなかなか貴重である。

この記事の主旨は、簡単にいうと、聖人すなわち正法の信奉者・弘通者《ぐつうしゃ》が日本国にいるかぎり、蒙古の襲来などおそれるにたりない、ということである。これは、日蓮が通例信徒に向かって説いている、蒙古襲来は謗法の国日本をこらすための宗教的天譴《てんけん》だという逆説的表現を、いわば表返しにしたものである。

文永八年の法難以後、日蓮が蒙古襲来の宗教的意味を説くばあいには、すべて右のような逆説的表現を用いている。そしてその対象は例外なしに信徒である。それは、『安国論』以後、権力にたいして公式の上申書を書かなかったことにもよる。この『陳状』は、つまるところは北条氏の得宗権力を相手とするいわば公式の文章である。こんなことをあわせ考えると、日蓮の蒙古襲来にたいする表現は、権力にたいする公的なばあいと信徒にたいするばあいとでは、おのずからことなっていたのではないか、という想像さえ出てくる。

公的に表現することがあったら、正法の樹立によって外寇を退けるという正面切った表現がとられたかもしれない。日興《にっこう》をはじめ、日蓮の門下が、蒙古問題を通して権力に向かうばあい、日蓮のこの公的な表現を継承しているのも、このへんに理由があるのかもしれない。

このようなことで、さきの『陳状』は、日蓮が文永の役の終末に大風雨があったことを知っていたことの反映だと理解してさしつかえないものと思う。しかしこれをもって、大風雨が二〇日夜のことであったとか、蒙古軍の撤退途上のことであったとかをきめる材料にするわけにはいかない。

日蓮が文永の役における〝神風〟を知りながら、それを『陳状』のような記述でしか表現できなかったのはなぜか、ということが肝心である。それはこれまで述べてきたように、大風雨を厳密かつ積極的に勝利の原因だとするわけにはいかない「事実」の問題があったからだといえよう。しかし今少し積極的な理由があったと思う。一二七五年(建治元)八月の『乙御前御《おとごぜんご》消息《しょうそく》』は、そのことをうかがう手がかりの一つである。

❖日蓮における〝神風〟

『乙御前御消息』で、日蓮は、こういっている。文永の役がおこるまでは、日本の人々は蒙古の襲来についてなにほどのことがあろうと軽視していたが、実際には大船隊でおそわれてみて、そのおそろしさを身にしみて理解した、というのである。

ここでいう「当世の人人の蒙古国をみざりし時のおごりは、御覧ありしやうにかぎりもなかりしぞかし」という意味は、単純にそのままにはうけとれない。もちろんそういうものもかなりいたろう。またこのことと関連して、当時の戦略指導者層のなかに、蒙古の渡洋侵略について、その成功度は乏しかろう、とかなり楽天的な観測をする向きがあったことも否定できない。しかし、日蓮のいいたいことは、日本が邪法の国のままでいて蒙古の襲来をうけたばあい、たちまちに亡国の危機におちいるであろうと主張してきたのは自分一人であった、ということである。さきの『消息』は、そのことの強調のために相対的に述べられた表現であることに注意しなければならない。

いずれにせよ、文永の役では、蒙古軍の威容、「てつはう」（てっぽう）などを中心とする新兵器および集団戦法の効果性、その残虐さ等等、日本は蒙古のおそろしさを骨身に徹してうけとめざるをえなかった。『八幡愚童訓』の弘安の役を述べた段に、日本の兵たちは、文永の合戦で蒙古の手なみ（強さ）をみて、とても勝てるものではない、と観念していた、とあるが、当時の日本人の実感を伝えているようである。

一二七五年（建治元）八月四日、日蓮は女性信徒の乙御前にたいして「また今度蒙古が攻めてきたら、文永の役のようなぐあいにはいくまい。京都と鎌倉とは、今に壱岐・対馬のようになるでしょう。そうなる前に準備してどこへでもお逃げなさい」といっている。日蓮は、蒙古にもろに攻めこまれたら、とうてい日本に勝ち目はない、と思っていたようである。
律宗の中興者、さらには蒙古撃攘《げきじょう》の祈禱で比類のない活躍をした西大寺叡尊が、晩年の一二八六年（弘安九）に記した自叙伝『金剛仏子叡尊感身学正記』の文永一二年二月三日の条をみると、蒙古人がふたたび攻めてくるのを恐れて、異国降伏の祈禱をおこなったということがみえ、文永の役後、一般に蒙古の再襲を深刻におそれていた
日本が蒙古の襲来にたいする防衛体制を本格的に固めたのは、文永の役の実際の体験を経たあとであるといってよい。〝神風〟が文永の役に終局をもたらしたとしても、それを手放しでよろこんでおられるような状況ではなかった。さきの『陳状』を除いて〝神風〟による勝利にふれた明確な日蓮遺文のみえない理由の一つはこのへんにもあろう。
〝神風〟と日蓮の問題についていろいろ述べてきたが、ここでしめくくりをしておこう。まず、日蓮は〝神風〟を知っていた、ということを確かめた。それを「諸竜を駆り催して敵舟を海に沈め」というような表現でしか示していないのはなぜか、ということについて述べてきた。第一に〝神風〟が文永の役に勝利をもたらしたものと積極的にいえないこと。第二に、蒙古の再襲の危機感が重く、「神風の勝利」に酔っておれない状況であったこと。この二つの点を述べてきた。もう一点、根本的なことをつけ加えておきたい。日蓮の善神捨国の立場からすれば、とうてい〝神風〟によって日本がまもられたとは認められないことである。それを認めれば、

邪法（念・禅・律・真言）を認めることになる。また蒙古襲来を謗法日本にたいする宗教的天《てん》譴《けん》とする主張も辻褄《つじつま》が合わなくなる。もちろんそれはあくまで宗教的意味、あるいは譬喩ないし方便《ほうべん》の問題なのであって、日蓮の真意は正法の樹立によって蒙古が退けられることを望んでいたのであるが、言葉や形式論理そのものとしてはととのったものではない。

よしなき海を守り

❖国の亡びるが第一の大事

蒙古襲来に関する日蓮の言説のうち、とくに注目をひくことの一つに、防衛――異国警固のために九州におもむく武士の、家族との別離の情を、道行文《みちゆきぶみ》の形式で内面的に叙述していることがある。それは一二七五年（文永一二）四月一六日の『兄弟抄』、一二七五年（建治元）七月二日の『南条殿御返事』、一二七六年（建治二）三月二七日の『富木尼御前御書《ときあまごぜんごしょ》』、一二七九年（弘安二）一〇月一日の『聖人御難事』、一二八〇年（弘安三）七月二日の『上野殿御返事』等にみえる。

これらの叙述を通じて、次のようなことがいえる。まず、その対象がすべて武士信徒（あるいはその妻）であることが注目をひく。『兄弟抄』の表現をかりていうなら、筑紫へ向かって「よしなき海を守る」ということは、九州へ出向いて蒙古襲来にたいする防衛に従うということを意味する。対象が武士信徒であることも当然である。これは歴史的実態としては、九州に

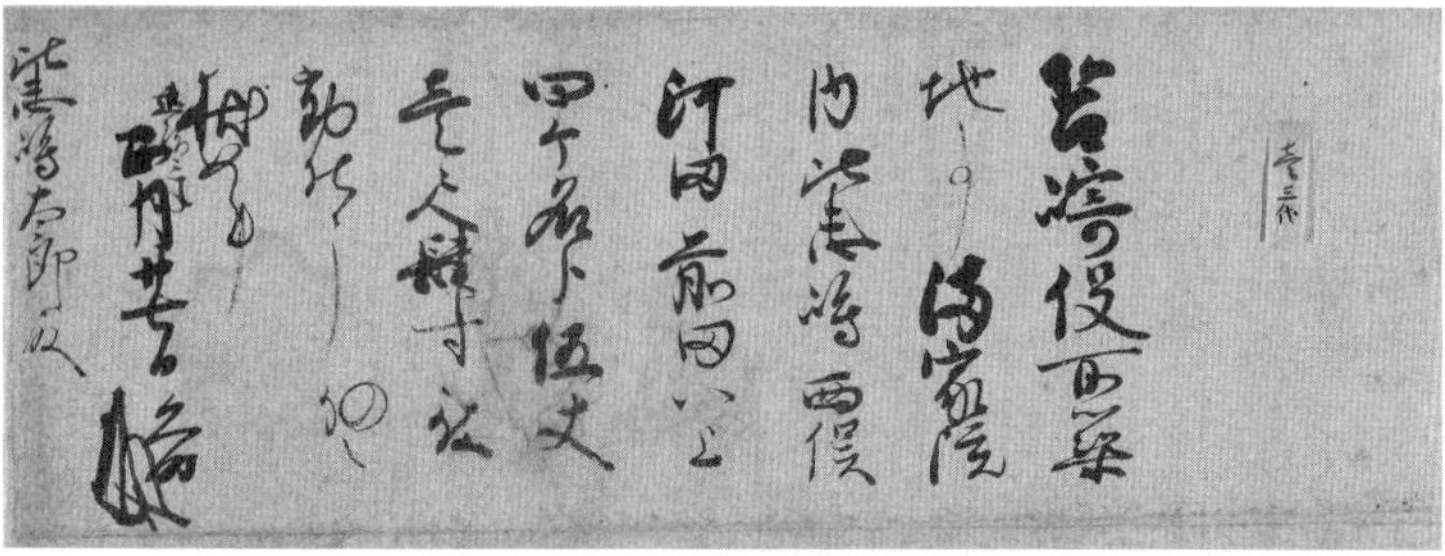

異国警固番役の勤務証明書（「比志島家文書」、東京大学史料編纂所蔵）

所領をもつ東国御家人が九州におもむいて異国警固番役の勤務に従うことをさしている。

異国警固番役制度の発端については、すでに前に説明しているので、もう一度参照していただきたい。ここでは、右にかかげた日蓮の諸書が、文永一二年（四月に建治と改元）からみえはじめることに注意したい。この年から異国警固番役は制度的に明確化され、強化されるのである。

鎌倉幕府は文永の役が終わると、同役で戦った武士に恩賞《おんしょう》を与え、蒙古の再襲にそなえて防衛体制を本格的に強化した。そのためにまず異国警固番役の制度をととのえたのである。この年の二月の制規では、一年を四季に分け、春夏秋冬の各三か月ずつを九州の各国がそれぞれ分担して順次番役を勤めるという定めにした。

一二七五年（建治元）五月には、周防《すおう》（山口県）・安芸《あき》（広島県）・備後《びんご》（広島県）の御家人を長門《ながと》（山口県）警固に動員した。同年九月には、蒙古の使者を鎌倉の竜口に斬り、応戦の態度を固めるとともに、九州の守護を入れ替えて北条一門で固めていく態勢をとり、異国警固に従うものの京都大番役を免ずるなどの措置をとった。

元使塚　1275年（建治元）に竜口刑場で斬首、常立寺に埋葬されたという蒙古使5人の塚。1925年（大正14）建立。（鎌倉市：常立寺）

蒙古の使者が首をはねられたことを聞いた日蓮は、建治元年九月の『蒙古使御書』で、日本国の敵である念仏・真言・禅・律等の法師は切られずに、罪のない蒙古の使者が首をはねられたのはまことにふびんである、といっている。これは、「一切の大事の中に国の亡《ほろび》るが第一の大事」だという観点からいわれた言葉であり、邪法をとどめないと日本は亡国への道を急ぐことになるという意味文脈のなかでいわれているのである。

いっぽう幕府は、高麗進攻、いわゆる異国征伐《せいばつ》の計画を立てて準備にあたった。これは、進攻よりも防備に重点をおくべきだということを再確認したためか、あるいは他に何かの理由があったためか、この計画は中止された。しかしかなり広範囲の動員が計画されていて、武士たちには非常な緊張を与えた。前掲の日蓮の諸書のうち『富木尼御前御書』にみられる悲壮・哀切な調子は、とくにこの計画の進行と無関係ではないように思える。

翌年三月から、博多湾沿岸一帯の今津から香《か》椎《しい》（ともに福岡市）にいたる二〇キロメートルにわたって石築地《いしついじ》（元寇防塁《ぼうるい》）を築かせて、蒙古軍の侵入を阻止する態勢をととのえた。石築地の築造は単に御家人だけではなく、一般荘園公領にも所領に応じて賦課《ふか》した。この石築地の築

発掘された福岡市早良区西新町の元寇防塁　1970年1月の修補着工の時。（著者提供）

造とともに、異国警固番役の制度も変え、九州の各国が博多湾沿岸を地域別に警固するようにした。かつまた、守護・御家人の不和をいましめ、一致して「天下の大難」にあたるよう訓令を発した。

このように、防衛・動員の体制が日一日と強化されていた時期に、前掲の日蓮の諸書は書かれているのである。つまりこれらの諸書は、異国警固番役の制度が明確化され強化されていた事実の反映として理解されるのである。

❖わが一門に兵士はまだなし

蒙古襲来関係の遺存史料を全般的にみてみると、異国警固番役に従う者の心事を述べた史料は、皆無に近いといってよい。『延時文書《のぶときもんじょ》』一二七二年（文永九）四月三日の平忠俊《ただとし》・忠恒《ただつね》連署譲状は、その意味でまことに貴重な史料といえる。これは薩摩国の御家人延時忠俊が、異国警固番役で博多におもむくために所領を熊寿丸《くまじゅまる》に譲ったものである。

この譲状によると、忠俊は蒙古襲来にそなえて鎌倉幕府の命令により、父親の忠恒の代官として博多に向かい、警固分担の場所をうけとって勤務に従うこととなった。薩摩から博多までは海路で危険性があり、また戦場におもむくことでもあるから戦死するということも考えられるので、所領を譲るのだ、と記されている。

ここにいう「かつは海路のならいなり、かつは軍庭におもむくあいだ、若《も》しただとし（忠俊）しぜんの事もあらば」という心情表現は、さきにあげた日蓮の諸書にまさしく照応するものである。武士たちが皮と皮をはぐような家族たちとの別離をへて異国警固の勤務に従うことは、異賊――蒙古人との戦闘を予想してのことであり、それは究極には日蓮のいう「現身に修羅道《しゅらどう》をかん」ずるものである。

前にあげた日蓮の諸書は、道行文の形式をとることによって、防衛の任につくものの心情を内面的に叙述し、家族との別れの悲しみをもりあげ、異国警固のつらさ、合戦にともなうもろもろの恐怖を、手にとるように説きあかしている。日蓮の文章全般のなかではめずらしい形式に属し、日蓮の文芸享受《きょうじゅ》の一端をしのばせるものである。あたかも『万葉集』の防人歌《さきもりうた》のようなおもむきがある。前掲の日蓮の諸書は、どうも防人の故事をふまえて書かれているように思える。

とにかく数ある蒙古襲来関係史料のなかで、東国の武士たちの防衛の任につく心情を叙述したものは、日蓮の遺文以外にほとんど見当たらない。おそらく武士信徒から伝え聞いたことを素材にした仮託的《かたくてき》叙述であろうが、異国警固におもむくものの心情を集約的に代弁している文章だといってまちがいではない。

説くところの主旨は、日本の人民が蒙古襲来の苦をうけるのは、国主が日蓮の主張をとりあげず、『法華経』のかたきとなっているがためである、というところにある。その意味で前に引いた『聖人御難事』は注意をひく。

日蓮の主張からすれば、『法華経』を信奉する日蓮の一門が、現身に修羅道を観じ、殺されて地獄におちるような防衛——合戦の場に立たされてはならぬものである。一二七九年（弘安二）一〇月のこの遺文の段階までは、日蓮の信徒で兵士《ひょうじ》に差されたものはいなかった。しかし幕府の防衛体制の拡充強化が、日蓮の主張とおもわくを超えていくことは必至であり、日蓮もそのことをいかんともしがたいこととして痛切に感じ取っていた。「ひやうじなんど此《この》一門にせられば、此へかきつけてたび候へ」という叙述のうちに、この危機の切迫感がにじみ出ている。

❖宋《そう》の滅亡と日蓮

これまで文永の役を中心に、日蓮が蒙古襲来に関し、信徒にたいして何をどのように説いているかを述べてきた。蒙古が高麗を介して日本を招こうとしたのは、すでに前に述べたように、対宋攻略の一環としてであった。蒙古は宋をほろぼすとともに、弘安の役にはその降伏軍を日本にさしむけた。そのことの意味については、あとで述べよう。蒙古に圧迫され、ほろぼされる宋について、日蓮はどのように考えていたのであろうか。日蓮の宗教の性格を知るうえにも、このことは意外に重要である。

現存の遺文でみるかぎり、宋の滅亡に関する記述は文永の役直後、一二七五年（建治元）六月の『撰時抄』からみえており、蒙古襲来と関連して偶然ではない。同抄は「夫《それ》仏法を学せん法は必ず先ず時をならうべし」ということを要点とする。蒙古によって高麗および宋が服属させられ、日本の壱岐・対馬が文永の役によってふみにじられたというショッキングな事実が、日蓮をして末法の認識を強くさせ、正法弘通における時の問題を、時代に生きる宗教者の課題とさせたのである。

文永の役の翌年（一二七五年〔元・至元《しげん》一二〕）一二月、宋の鄂州《がくしゅう》（今の武昌《ぶしょう》）が陥落し、その翌年元軍は長江の南岸を下り、建康《けんこう》（今の南京）を降して国都の臨安《りんあん》（今の杭州《こうしゅう》）に向かい、

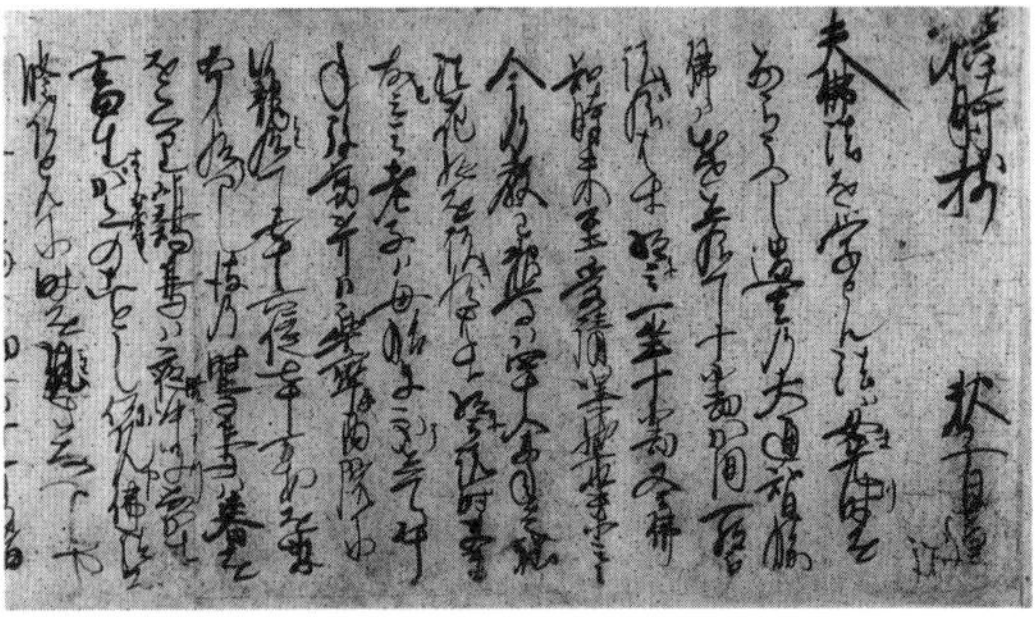

『撰時抄』（静岡県三島市：妙法華寺蔵）

一二七六年（至元一三）正月には、国都の陥落を前にして宋の皇帝（恭《きょう》宗《そう》）は元に降伏した。元軍は臨安にはいり、三月には宋の皇帝一族は大都《だいと》（今の北京）に送られた。こうして、宋（南宋）がまったく滅びてしまうのは、一二七九年（至元一六）二月のことである。

日蓮が述べている宋の滅亡とは、『撰時抄』に述べているところでは、直接には北宋の滅亡（一一二六年）である。先のように、日蓮が述べているのは、徽宗《きそう》・欽宗《きんそう》が金《きん》のため満州（中国東北部）につれ去られて北宋がほろびた靖康《せいこう》の変（一一二六年）と、宋朝を再興し南京応天府《おうてんふ》（河南《かなん》省商邱《しょうきゅう》県）において帝位についた欽宗の弟高宗《こうそう》（日蓮は徽宗の孫と書いている）が金に追われて江南に移り、杭州を臨安府と改めて首都とし（一一二九年）、この地に南宋を開いたことである。

これらのことから、ただちに「漢土は三百六十箇国二百六十余州はすでに蒙古国に打ちやぶられぬ」というのは、史実の叙述としては、少し飛躍があるけれども、金の攻撃と、それにつづく元の世祖《せいそ》の攻撃によって、日蓮が『撰時抄』を書いた時点では、南宋の命運がすでにつきようとしていたことは事実である。宋は元によってすでに討ちやぶられたのも同然であった。

宋の興起《こうき》（九六〇年）以後、日宋間の交通は絶え間なく、入宋僧《にっそう》は宋文化の伝播者として高い崇敬をうけ、宋文化の日本に与えた影響は広く深かった。三〇〇年以上にわたる文化交流をもち、日本が深い尊敬を払っていた大国宋が元によってほろぼされたということは、日蓮一人の衝撃ではなかった。そのことはそのまま蒙古（元）の強大さ、おそろしさとして日本に認識された。宋が元にほろぼされてゆくさまは、主として宋からの亡命僧などによって知らされたろう。

大国宋が元によってほろぼされたという衝撃的な事実は、日蓮にあっては、今一つの日本史上の史実と深く関連し合って把握されていた。それは承久の乱（一二二一年）である。日蓮は、承久の乱のさい、後鳥羽上皇が真言祈禱に依存したため敗れたという認識をもっており、真言によって蒙古調伏を祈るならば亡国に至ると、くりかえし強調していた。

この、大国宋が元によってほろぼされ、承久の乱によって日本国の至高の権威者が臣下に屈服したという二つの事実は、国家権力にたいする日蓮の認識を、次のような点で強めていった。つまり、既存の現世的権力は、ついには、あるいはたやすく、他の現世的権力によってとってかわられるものである、ということである。いってみれば、現世的権力にたいする〝ほろび〟の認識である。

現世的・世俗的権力にたいする限定的・相対的認識は、日蓮をして、仏法の超俗的権威、根源的・普遍的性格をいちだんと強く把握させることに作用した。王法は仏法をとおすことによってのみはじめてその所をうるという考えを、よりいっそう強固なものにした。日蓮の釈尊御領の観念も、宋の滅亡——承久の乱の事象をとおしての、現世的権力にたいする限定的認識と深く結び合うものであった。

また日蓮に、同時代人のような、中国ないし中国文化にたいする事大意識がみられない理由の一つに、右のような理解の仕方で把握された宋の滅亡という事実をつけ加えることは、許されてよいのではあるまいか。

V

終焉の章

——弘安の役と日蓮の死——

日蓮と武士信徒

❖富木常忍のこと

日蓮の教えを信奉した在俗信徒について、高木豊の調査したところによると、総計一二二名が知られ、そのうち男八〇名（入道一七名）、女四二名（尼二五名）。その所在・出会いの地域は、相模《さがみ》の鎌倉・二〇、駿河《するが》・一六、下総《しもうさ》・九、安房《あわ》・六、佐渡《さど》・七、武蔵《むさし》（東京都・埼玉県・神奈川県の一部）・五、甲斐《かい》・二、上総《かずさ》（千葉県）・一、伊豆《いず》・一であるという。この数は今後新しい史料が出るにしたがって増加するであろうが、確実な史料で知られる数としては、さほど大きな増加をみることはあるまい。

男性在俗信徒は、身分的・階層的にいえば地頭《じとう》・御家人《ごけにん》、名主《みょうしゅ》級のものがほとんどである。このうち地頭・御家人級のもので、北条氏や北条氏一門、有力守護家の被官になっているものが信徒層の中核をなしているのは大きな特色である。また女性信徒の多いことも大きな特色である。

聖教殿（千葉県市川市：中山法華経寺）

これまで、文永の役を中心に、日蓮が信徒にたいして蒙古襲来の宗教的意味をどのようなものとして説いたかを述べてきた。それは一般的な形での説明であったから、この章では、蒙古襲来の問題を中心とする日蓮と信徒との関係を、具体的に知られるものについて述べてみたい。おのずから史料に制約されるわけであるが、下総の武士信徒のばあい、かなり具体的に知ることができるので、以下これに焦点を合わせて述べていこう。

下総の信徒の中心的存在であったのは、富木《とき》常忍《じょうにん》・曽《そ》谷《や》教信《きょうしん》・大田《おおた》乗明《じょうみょう》などである。蒙古問題を軸に、まず、日蓮と富木常忍との関係を述べてみよう。

富木氏は日蓮から与えられた書を中心に、日蓮遺文の収集につとめ、周到な保存の方法をとった。富木氏の活動を基盤にして寺の基礎を確立した中山法華経寺は、日蓮遺文護持の寺院として知られ、同寺の聖教殿《しょうぎょうでん》には数多くの日蓮遺文が保存されている。

この節では、まず、富木氏の社会的な存在形態がどんなものであったかを説明したい。このことは、日蓮の教えを支持する社会的基盤を明らかにしていくことをも意味する。

富木氏は、日蓮の遺文によると、土木・富城あるいは富木と書かれている。五郎と称し、実名（諱《いみな》）を常忍《つねのぶ》といった。入道したあとは実名をそのまま法名にして常忍《じょうにん》といっている。日蓮滅後、常修院日常《にちじょう》と称した。出身地は因幡国《いなばのくに》（鳥取県）の国府《こくふ》（鳥取市国府町）の近くと思われる富城郷であるから、氏名《うじな》は元来富城を称していたものであろう。因幡国と常忍の関係を知ることのできる史料として、中山法華経寺蔵の『雙紙要文《そうしようもん》』の裏に書かれた文書のなかの常忍の訴状がある。年月日は欠けている。

❖千葉氏の被官として

常忍の訴状は次のような内容のものであった。

一二五〇年（建長二）ごろ、富城中太入道蓮忍《れんにん》から従者の三郎男・五郎丸らを譲り受けていたが、蓮忍が関東に住むようになってのち、右の従者らを因幡国一宮（鳥取市国府町宮下にある宇倍神社）の公文《くもん》（荘官）がかかえこんで返してくれない。かの従者らを返すよう一宮の政所に申しつけてほしい。

この訴状を含めた関連史料から考えて、富木氏は富城郷の郷司《ごうし》の流れを引き、因幡国の国衙《こくが》

（国司の政庁）――郡衙《ぐんが》（郡司の政庁）の支配機構に連なる家柄の出身ではなかったか、という気がしてならない。富城蓮忍というのは常忍の父かもしれない。蓮忍が因幡国から関東に移住したことがわかり、常忍についても同様のことが想像される。日蓮と出会ったときは、すでに常忍は下総八幡荘若宮（千葉県市川市）を本拠としていた。

では富本常忍の社会的な立場はどのようなものであったろうか。常忍については、従来あまり明確ではなかったが、中尾堯《たかし》の長年にわたる中山法華経寺関係史料の調査・研究によって、かなりはっきりしてきた。とくに日蓮自筆の『雙紙要文』、『破禅宗《はぜんしゅう》』、『天台肝要文《てんだいかんようもん》』、『秘書』という四冊の要文類の紙背に残された、建長年間から文永の初めごろにおよぶものを中心とする一二八通の文書が、中尾編の『中山法華経寺史料』に収めて刊行されたことの意義は大きい。

これらの史料により、常忍についてまず明らかにされたことは、常忍が下総の守護である千葉氏の有力な被官《ひかん》（執事）であったことである。とくに千葉頼胤《よりたね》の被官であったことは確かである。あとで述べるが、このことは蒙古襲来を媒介として日蓮と常忍の関係をみるばあい重要な点である。因幡国出身の常忍が、いつ、どうして千葉氏の被官になったのかは、はっきりしない。

常忍は千葉氏の被官として守護事務を直接代行したり、あるいは千葉氏の家政事務を取り扱っていた。日蓮は、みずから「当身の大事」と称する『観心本尊抄《かんじんほんぞんしょう》』を直接富木氏に与えたのをはじめ、教義に関する重要な書を多く同氏に与えている。日蓮は富木氏のことを駿馬《しゅんめ》にたとえているが、常忍は、相当な学識をもち文筆にも秀でていた。このようなことが、千葉氏の事務官僚になった理由の一つであろう。

さいわいなことに、一二七六年（建治二）三月の日蓮遺文『忘持経事』のなかに、千葉氏の被官としての常忍の日常生活を書きのこした部分がある。それは、常忍が亡《な》き母の遺骨を首にかけて、下総国から甲斐国身延山の日蓮を訪問し、持経を忘れて帰ったので、日蓮が下総までその持経を使いのものに届けさせ、それに添えて常忍につかわした手紙の一節である。非僧非《ひそうひ》俗《ぞく》の生活で、母につかえながら「朝《あした》に出でては主君に詣《いた》り、夕《ゆうべ》に入りては私宅に返る」被官の生活を送っていたことが述べられている。経典の読誦《どくじゅ》にも事欠《ことか》くほど、主家の事務に忙殺される日常を送っていたらしい。

常忍は日蓮を媒介に、北条氏の一族江馬光時《えまみつとき》の被官四条頼基《しじょうよりもと》と交わりが深かったが、親交を結ぶようになったのは、鎌倉で両者が日蓮の教えに接したことによろう。常忍にあてた日蓮の遺文でいちばん早いのは、一二五三年（建長五）のものと推定されている、一二月九日付けの『富木殿御返事』である。日蓮はこのころ鎌倉にいたといわれる。常忍は、おそらく千葉氏の被官としての用務が中心で下総と鎌倉の間を往来することは頻繁《ひんぱん》であったろう。以上のようなことで、常忍は、鎌倉で日蓮にはじめて会い入信したのではないかとみられる。

ところで、常忍のこと、および蒙古襲来を媒介とする日蓮と常忍の関係を十分に知るためには、常忍の主家千葉氏にたいする関係や、蒙古襲来にたいする千葉氏のかかわりぐあいを述べなければならぬ。

❖千葉氏と九州

千葉氏は桓武平氏《かんむへいし》で、良文《よしぶみ》の子忠頼《ただより》の流れである。千葉常胤《つねたね》の孫成胤《しげたね》のいうところによると、「先祖千葉大夫は元永《げんえい》（一一一八～二〇）以後、千葉荘の検非違所《けびいしょ》であったから、源頼朝のとき、常胤が下総一国の守護職に補せられた」とある。千葉荘を本拠とし、代々在庁官人として下総の地に勢力を張り、検非違所であったから、常胤は鎌倉幕府の創立とともに下総の守護に任じられたというのである。

常胤のあとは胤正《たねまさ》―成胤《しげたね》―胤綱《たねつな》―時胤《ときたね》―頼胤《よりたね》とつづく。常胤は源平合戦期に、源頼朝の弟範頼《のりより》に従い、老齢をかえりみず西国で働いて勲功を得ている。薩摩国島津荘寄郡《よりごおり》五箇郡の郡司職に任命されたのである。これと同じころ肥前国小城郡《おぎのこおり》晴気《はるけ》の所領を得ている。のちにここに本拠をおいた千葉氏は肥前千葉氏としてあらわれ、下総の千葉氏から分立していく。さきにあげた中山法華経寺所蔵の日蓮自筆の要文の紙背文書のなかには肥前関係の文書が一二通ほどあるが、これは頼胤（一二三九～七五）の代のものである。

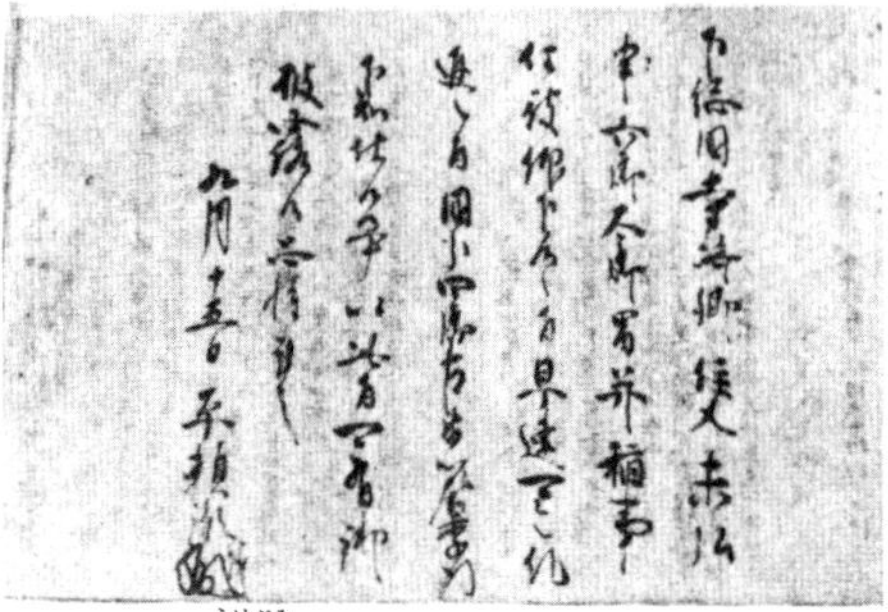
千葉頼胤の請文《うけぶみ》（千葉県市川市：中山法華経寺蔵）

これらの文書から、千葉頼胤の肥前小城郡内の所領支配の一端がうかがえる。また常忍が寺の基礎を確立した中山法華経寺にこれらの文書が伝わっていることは、頼胤の被官富木常忍が頼胤の家産としての右同領の事務に直接にか間接にか携わっていたからであるといえよう。

頼胤は、一二四一年（仁治二）に三歳で家督《かとく》をついだといわれている。常忍ら事務官僚の忠勤はとくに期待されたところであろう。九州に所領をもっている御家人が、蒙古襲来の危機を前にして、九州におもむいて異国防御に従うよう命じられたことは前に述べた。頼胤について、そのことを示す史料は残っていないが、小代氏や二階堂氏と同様、幕府の命をうけ、九州の現地で異国防御の任に従ったことは確かであろう。頼胤は文永の役に出陣し疵《きず》をうけて、一二七五年（建治元）八月、小城で死去したと伝える。

以上のようなことで、常忍は主家千葉頼胤の肥前国小城郡内の所領の支配にかかわる事務と、頼胤の有力被官として、その異国防御にかかわる事務に直接間接に携わっていたことは確かであろう。蒙古襲来に関する日蓮の情報のうちには、常忍の右のような九州とのかかわり方を通じて得られたものがあったろう。

❖防衛体制と富木常忍

一二六八年（文永五）閏《うるう》正月の蒙古国書到来に関する情報を日蓮はいち早く入手しているが、この情報の提供者は常忍や四条氏あたりであろう。文永の役の報告が幕府に届いたのは一二七四年（文永一一）一一月一日で、同役のことについてふれた日蓮の遺文がはじめてみえるのは同月一一日である。

弘安四年一一月の『富城入道殿御返事』に信頼をおけば、常忍は弘安の役の敵艦漂没《ひょうぼつ》の情報を、その事実のあった一四日後に日蓮に報知している。常忍がこの報知を書状にしたためて出した一二八一年（弘安四）閏七月一五日というのは、幕府自体が同じ情報を受けた直後のことであろう。ただ、この弘安の役のときには、日蓮が常忍の報告を入手したのは一〇月二〇日ごろであり、どうしたものか約三か月を要している。

常忍が、九州に所領をもち異国防御の任についた千葉氏の有力被官であったということは、彼自身主家に従って異国防御の任につくべき可能性をもっていたということである。

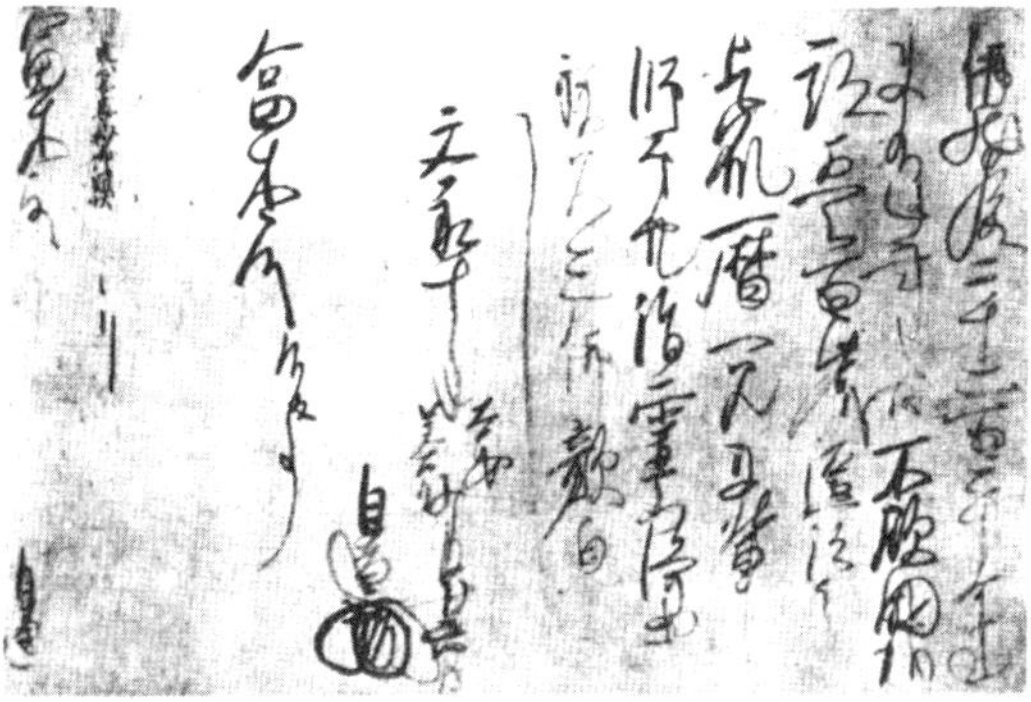

『観心本尊抄副状』　文永十年卯月二十六日。（千葉県市川市：中山法華経寺蔵）

『竹崎季長絵詞』に次のような事例が記されている。信濃国《しなののくに》（長野県）の御家人有坂弥二郎ひさちか（久親か）という人物が、薩摩国の島津久長《ひさなが》の手の者（麾下《きか》）として異国合戦に従っている。これは久長が信濃国大田荘内に所領をもっており、有坂氏は同荘を媒介にして久長の従者となっていたからである。

この例から考えても、富木氏が主家千葉氏に従って異国防御の任につき、合戦に従わねばならぬ可能性は大きかったといえよう。文永の役の戦傷がもとで主家の千葉頼胤が所領の小城で死去したことは、常忍にとって、いろいろな意味で非常なショックであったと思われる。

幕府の防衛体制は、第一段階としては、九州の現地にいる武士、および九州に所領をもつ武士に命じて蒙古を迎え撃《う》たせることであった。次には、従来幕府の支配下になかった権門《けんもん》寺社本所一円の地の荘官らの動員が考えられており、戦線が後退すれば、東国の御家人が最後の防衛戦力となることは当然であった。

日蓮の武士信徒はすべて東国の武士で、蒙古襲来に関していえば、富木氏のような九州に所領をもつ主家に仕える武士を除けば、直接九州に所領をもつものはいなかった。だから防衛戦力としては、最後に戦うよう予定されていたものたちであるといえよう。しかし、大暴風がなければ、おそかれ早かれ戦士として出陣しなければならなかった。

前に述べたような、『八幡愚童訓』が伝える出陣武士たちの不安は、そのまま日蓮の武士信徒の不安でもあったにちがいない。富木氏のばあいは、他の日蓮の武士信徒と同様に、武士としてついには出陣しなければならぬ臨戦動員体制のなかにありながら、とくに九州への出陣の可能性を強くもっていたのであり、この点、他の武士信徒にくらべて、出陣の不安とその不安から超越したいという精神的・宗教的欲求は一段と強かった、といわねばなるまい。蒙古襲来を媒介とする日蓮と富木常忍との信仰問答については最後にふれよう。

❖隣国の聖人

富木氏にあてて日蓮が蒙古襲来のことにふれているのは、現存の遺文では、文永の役後間もなくのころに書かれた『聖人知三世事《しょうにんちさんぜじ》』あたりがもっとも早い。

聖人というのは過去・現在・未来の三世を知るものをいい、とくに過去と未来を知ることをもととする。未来を知って内乱と外寇を指摘した「法華経の行者日蓮」を、日本は上一人から下万民に至るまで軽んじてきずつけ流罪に処したため、梵天《ぼんてん》・帝釈《たいしゃく》・日月・四天が隣国におおせつけて日本を逼責《ひっしゃく》することになった。

たとえ多くの祈りをしても、日蓮の主張を用いなければ、必ずや日本全体は今の壱岐・対馬のようになるであろう。日蓮の言ったとおりになったのは、日蓮が尊いからではなく『法華経』の力によるものである。苦悩の多いこの世でよろこびや楽しみを受けるは、ただ日蓮一人のみである。

これが右遺文の内容である。

隣国におおせつけて云々《うんぬん》というのは、蒙古襲来を謗国治罰《ちばつ》の摂理《せつり》(正法を誹謗《ひぼう》している日本をこらしめようとする天の意志)として解釈したものとか、あるいは蒙古天使説といわれるものである。『昭和定本日蓮聖人遺文』第一巻には、一二七四年(文永一一)八月六日のものとして『異体同心事』が収められており、そのなかに「蒙古国は雪山《せっせん》の下王《げおう》のごとし。天の御使として法華経の行者をあざむく人を罰せらるるか」とあって、『聖人知三世事』よりも早く、いわゆる蒙古天使説を表明している。しかし『異体同心事』については、一二八〇年(弘安三)のものだという意見もあり、わたしも文永一一年のものとは考えない。内容から推定して、一二七九年(弘安二)の熱原法難と関係あるものといえる。

蒙古を「隣国の聖人」として謗法《ほうぼう》の国日本を治罰するものという考えは、蒙古国書到来の翌年、一二六九年(文永六)のものといわれる、『法門可被申様之事《ほうもんもうさるべきようのこと》』にすでにあらわれている。ただこの段階では「謗法をためさんとせらるるか」といっていて、その表現は不定形である。それが文永の役を経て、「隣国の聖人」のことが最初にあらわれる『聖人知三世事』では「梵と釈(梵天と帝釈)日月四天と隣国に仰《おお》せ付けてこれを逼責《ひっしゃく》するなり」と確定的な表現になっている。この考え方は、悪法を対治して正法に帰さしめるという、いわゆる「折伏《しゃくぶく》」の考え方に発する。

この考えを明らかに示しているのは、そのところで述べたように、佐渡配流中に書かれた『観心本尊抄』である。上行《じょうぎょう》・無辺行《むへんぎょう》・浄行《じょうぎょう》・安立行《あんりゅうぎょう》の四菩薩が折伏を現ずるときは、賢王となって愚王を誡責《かいしゃく》する、といっている。佐渡時代が、日蓮の蒙古襲来観に大きな画期となっていることの証拠でもある。

以上のように、「隣国の聖人——天の御使——」が謗法の国日本を治罰するという考えは、蒙古国書の到来とともにあらわれ、佐渡時代に明確になり、実際に蒙古が襲来するとともに確定的に強調されるようになった。蒙古国天使説、あるいは日本治罰論——日本亡国論とでもいうべき考え方が出てくるのは、なによりも「国はいかにも候へ、法華経のひろまらん事疑《うたがい》なかるべし」(『大果報御書』)という『法華経』至上主義に由来するものであった。

蒙古襲来は日蓮にとって、世俗の意味の国難とはうけとられなかった。梵天・帝釈・日月・四大天王などが謗法の国日本をこらすための天のいましめであるとみなされた。だから、前にみてきたように、武士信徒にたいし、日本の国土を防衛するため戦意を高揚《こうよう》するような発言はいささかもしていない。「日蓮房はむくり国(蒙古)のわたるといえばよろこぶ」とさえいわれたのである。

文永の役後間もなく、身延にいた日蓮は佐渡の国府《こう》入道《にゅうどう》にたいして「蒙古国の日本にみだれ入る時はこれへ御わたりあるべし」（『国府入道殿御返事』）といい、女性信徒の乙御前にたいしては、「又今度よせなば、先にはにるべくもあるべからず。京と鎌倉とは但《ただ》壱岐・対馬の如《ごと》くなるべし。前に支度《したく》していづくへも逃させ給へ」（『乙御前御消息』）といっている。日蓮は蒙古と通謀《つうぼう》していたのだという解釈が近世に出てくるのも、ためにする材料があったからだといえよう。

日蓮が「隣国の聖人」にみたて「天の御使」といった蒙古国が、悪法の国日本を治罰するにたるだけの法華信仰の国であると日蓮はみていたのであろうか。震旦《しんたん》（中国）・高麗は念仏・禅宗がひろまって蒙古にほろぼされたという遺文は残しているが（『法門可被申様之事』・『四条金吾殿御返事』）、蒙古国の宗教事情にこれ以上立ち入った遺文は残していない。日蓮が蒙古国の宗教事情を知らないで蒙古国を「隣国の聖人」とみたてたのであるならば、文字どおりの方《ほう》便《べん》であったということになる。

蒙古国書到来のおりにみられた、世のため国のためという、なまの現実肯定の段階から、蒙古襲来の危機の進行・現実化にともなって、日蓮の思想は、未来に希望をもち、『法華経』信仰を基軸とする普遍的な立場から日本の特殊的現実をみすえていくようになった。蒙古国を天使とみたてたのもそのための一つの手段であったのである。

心静かな仏の世界へ

❖異賊ふたたび来たる

文永の役後、幕府が防衛体制を強化していったことはいうまでもない。とくに長門《ながと》を中心とする地方、なかでも博多湾沿岸の戒厳《かいげん》防備を厳重にした。このことはすでに前に述べている。一二八〇年（弘安三）末、幕府は、どのような情報によったものか、明年四月中には蒙古が襲来してくるからといって、警備をいっそうきびしくさせている（『大友文書』）。この判断は的確であった。

蒙古人・漢人《かんじん》・高麗人合同の東路軍四万（ほかに梢工水手《しょうこうかこ》〔舵《かじ》取り・漕《こ》ぎ手〕ら一万七〇〇〇）が九〇〇艘《そう》の戦艦に分乗し、高麗の合浦《がっぽ》を発したのは一二八一年（弘安四）五月三日のことである。元の今回の遠征計画は、元の軍を二手に分け、東路軍および慶元《けいげん》（今の寧波《ニンポー》）から進発する江南軍はおのおの別個に発船し、六月一五日に壱岐で合流する予定であった。江南軍は元に降伏したばかりの南宋の兵を主力とする一〇万人、船艦三五〇〇艘という大兵団である。

五月二一日、東路軍は対馬の沖に達し、対馬に上陸して「見合う者をば打殺《うちころ》」(『愚童訓』)した。東路軍はひきつづいて壱岐に向かったが、途中の五月二六日、暴風のために一一三人の将兵と三六人の水手を失っている。壱岐・対馬がおそわれたという大宰府からの報告が京都についたのは、六月一日のことである。この報告は六波羅探題《ろくはらたんだい》から鎌倉へ急報された。

京都では院の会議での結果、さっそく、二二社へ異国降伏の祈禱をすることが命じられた。六月の半ば、京都におそるべき情報がはいった。異賊の船三〇〇艘が長門(山口県)をおそったというのである。東路郡の一部が壱岐から分かれて長門をついたものであろう。このとき、日本人がおどろきおそれた状況を『八幡愚童訓』は、こんなふうに活写している。

そうこうしているうちに九州はすでに打ち落とされて、蒙古軍はもう長門についた。すぐに攻め上がってくるであろうと、いろいろな風聞が京都に聞こえたので、いったいどうしたらよいのだろうと、上下万民の仰天《ぎようてん》することかぎりないものであった。

異賊が長門を攻めてきたのは、九州を打ち落としたからだという理解は無理のないことである。戦争にありがちな、実体のないデマがとびかい、次から次へと不安をふくらませていった。京都が攻められるのも時間の問題と思われた。「上下万民仰天かぎりない」というのは、当時の人心の動きを伝えてあますところがない。曽谷氏の日蓮あての手紙は七月一九日付けであるから、曽谷氏が聞き知った〝異賊ふたたび来る〟の情報には、この段階でのこのような質のものがたくさんまじっていたであろう。

東路軍の主力は六月六日に博多湾頭に姿をあらわした。このたびは今津から香椎にいたる二〇キロメートルの間に石築地《いしついじ》が築かれ、上陸は容易ではない。以後、志賀島《しかのしま》付近で攻防戦が展開された。九州から京都へは次々に戦況報告がもたらされるが「かれこれ展転《てんでん》の説」といわれ、勝っているのか負けているのか定かではなく、前途かならずしも明るいものとは思われなかった。各寺社における祈禱は火をふくばかりの熱烈さである。東路軍は博多湾を去り壱岐に向かった。

六月二八日、幕府は京都の六波羅探題を通じて、異国警固によって従来幕府の支配下になかった鎮西九か国・因幡《いなば》（鳥取県）・伯耆《ほうき》（鳥取県）・出雲《いずも》（島根県）・石見《いわみ》（島根県）等諸国の

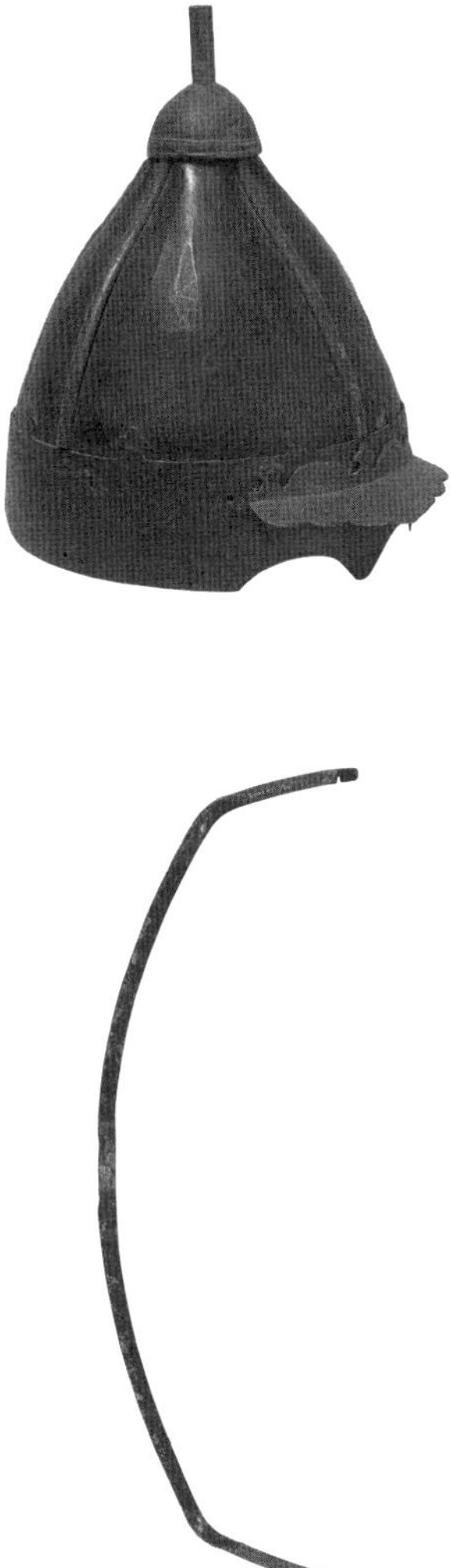

蒙古兵の冑（黒漆塗革張冑鉢）**と弓**（鯨鬚張半弓）（愛媛県今治市：大山祇神社蔵）

本所一円領《ほんじょいちえんりょう》の年貢《ねんぐ》を徴収すべく朝廷に申し入れさせている。まさに挙国的段階での防衛体制の強化である。このことを記した『壬生官務家日記抄《みぶかんむけにっきしょう》』には、「異賊未だ境に入らずして洛城《らくじょう》（京都）滅亡せんと欲するか、上下諸人の難、比類有るべからず」と嘆いている。

六月末から七月はじめにかけて日本軍は壱岐の敵軍を攻撃。七月にはいって江南軍が平戸島《ひらどしま》から五島《ごとう》へかけて到着し、東路軍と合流した。そして東に進み、肥前の鷹島《たかしま》に至った。ここで日本軍は攻撃を加えている。こうして約一四万、四四〇〇艘の大船団はさらに博多湾をめざして東進をつづけた。そこへ七月三〇日の夜から大暴風が吹き、閏七月一日、これらの大船団はついえ去ったのである。現在の太陽暦では八月二三日にあたる。

❖曽谷氏のこと

富木常忍とともに下総の信徒の中核的存在であるものに曽谷《そや》教信《きょうしん》がいる。日蓮は教信のことを蘇谷入道とも書いている。

曽谷入道は二郎を称し教信《のりのぶ》といった。法名は法蓮《ほうれん》、日礼《にちらい》と号した。日蓮宗内では古くから清原氏の裔《ちすじ》で大野政清の子と伝えている。政清の姉妹が日蓮の母だ、といういい伝えもある。教信は、下総国八幡荘曽谷（蘇谷）郷（千葉県市川市）を本拠とし、大田乗明とともに、越中にも所領があった。曽谷郷の郷名を氏《うじ》としていて、同郷を本拠とする在地領主であったことがわかる。のちに、日蓮の弟子日朗《にちろう》およびその門流との関係を深くし、本土寺（千葉県松戸市平賀）を発展させた。

『千葉大系図』によると、千葉貞胤の子氏胤の母は曽谷某であるとしている。曽谷氏が下総守護家の本流としてさかえる貞胤流との関係を深くしていったことの反映ではないかと考えられる。ただ、その婚姻関係というのが、いわば対等な関係で結ばれていたものなのか、あるいは在地領主が守護勢力に吸収されて被官化していく過程での関係なのか、すぐにはわからない。守護と管内御家人との一般的関係から考えると後者の可能性が強い。

曽谷氏にあてた日蓮遺文は、一二七一年（文永八）一〇月五日、佐渡配流途中の依智から大田乗明・金原法橋《かなはらほっきょう》・曽谷教信三名にあてた『転重軽受法門《てんじゅうきょうじゅほうもん》』がもっとも早い。日蓮との出会いが、これ以前であるということはいうまでもない。いわゆる小松原法難直後の文永二、三年ごろまでさかのぼりうるかもしれない。

日蓮が曽谷氏にあてた書のなかで、蒙古襲来にふれているのは、一二七四年（文永一一）一一月二四日の『曽谷入道殿御書』がもっとも早い。例のように、内乱と外寇の警告が符号したことを述べ、今のままであれば日本は壱岐・対馬の土民のようになるであろうといい、このようになったのは、仏法の邪見によるものである、つまり真言がはびこっているからである。この悪義（真言宗）が鎌倉に流入して、まさに日本国は滅びようとしている、と書き送っている。

弘安の役での合戦の一場面　蒙古の船に乗り込む武士たち。

つづいて翌年三月一〇日の『曽谷入道殿許御書』では、末法の世にあたって「大日本国と大蒙古国と闘諍《とうじょう》合戦す」と述べている。

一二八一年（弘安四）閏七月一日、すなわち蒙古軍が大暴風によって覆没《ふくぼつ》したその日に、日蓮は曽谷教信の七月一九日付け同三〇日の見延到着の手紙にたいして返書をしたためている。いわゆる『曽谷二郎入道殿御報』である。そのなかに、曽谷氏の鎌倉幕府体制内での位置と、蒙古襲来という現実の危機のなかでの日蓮の曽谷氏――武士信徒にたいする宗教的応答をもっとも明確な形で典型的に出している。直接の関係箇所は次のとおりである。そんなに難解ではないし、順を追って解説をするので、漢文を書き下しにして示してみた。

【地獄は目の前】　蒙古の牒状《ちょうじょう》の已然《いぜん》に去ん

（『蒙古襲来絵詞』：宮内庁三の丸尚蔵館蔵）

ぬる正嘉・大彗星《だいすいせい》の告げに依《よ》って、再三これを奏すと雖《いえど》も、国主敢《あ》えて信用無し。然《しか》るに日蓮が勘文《かんもん》あらあら仏意に叶《かな》うかの故に、此の合戦既に興盛《こうじょう》なり。此の国の人々今生には一同修羅道《しゅらどう》に堕《だ》し、後生には皆阿《あ》鼻大城《びだいじょう》に入らんこと疑い無きものなり。爰《ここ》に貴辺と日蓮とは師壇《しだん》の一分なり。然りと雖も有漏《うる》の依身《えしん》は国主に随《したが》う故に、此の難に値《あ》わんと欲するか。感涙押さえ難し。何《いつ》の代にか対面を遂《と》げんや。唯一心に霊山浄《りょうぜんじょう》土《ど》を期《ご》せらるべきか。たとい身は此の難に値《あ》うとも心は仏心に同じ。今生は修羅道に交わり、後生は必ず仏国に居《ご》せん。

本書で使われている「国主」という用語は、日蓮のばあい、ふつう北条氏のことをさしている。朝廷や守護をさす用語のようにもとられるが、日蓮は「国主」をこの両者に使っていることはない、「有漏の依身」というのは、現実のこの世に生をうけている、有限・不完全なこの身、ということである。

「有漏の依身は国主に随う故に此の難に値わんと欲するか」というのは、鎌倉幕府体制内での曽谷氏の位置を示す表現として理解できる。幕府の支配下にある身だから、蒙古襲来にさいして動員体制に組み込まれ、戦死あるいは捕虜になる危うさにも直面するのだ、ということである。「国主に随う」というのは、曽谷氏が幕府の御家人であることをさしている、ともとれなくはない。そしてその蓋然性《がいぜんせい》は強いと思う。しかしここでは、より広範に、北条氏の指揮内での蒙古襲来にたいする動員体制のなかにあるものとしていっている、と理解しておこう。

ところでいちばん肝心なことは、曽谷氏が日蓮にいったい何を問うていたかということである。本書はその問いにたいする答えであるから、本書の叙述自体がおのずからもとの問いの形を浮かびあがらせている。本書は世間のことはしばらくこれをおくとして、ただちに「阿鼻地獄に入る」云々の解説を展開している。以下、法華と真言の優劣の問題に移り、日本全体が、真言は法華にまさるとする弘法《こうぼう》・慈覚《じかく》・智証《ちしょう》の三大師をあがめて法華を誹謗しているから、阿鼻地獄にはいることは必定であるといい、その地獄のさまを詳細に説明し、蒙古襲来によってその阿鼻地獄は眼前に展開されるであろう、と述べている。

本書は阿鼻地獄の説明がすこぶる詳細で、あたかも〝入阿鼻地獄論─堕地獄論〟とでもいうべき観がある。曾谷氏の問いが、「世間の事」つまり当時の日本が当面の最大の課題としていた蒙古襲来の問題――この時点ではすでに弘安の役の段階にはいっている――および法華と真言の優劣、それらにともなう堕地獄の問題にかかわっていたことはたしかである。とくに弘安の役の段階にはいっての墜地獄の問題、すなわち出陣の心用意はいかにあるべきかというのが、曾谷氏の最大関心ではなかったろうか。このことは、弘安の役の経過をかえりみることで、いっそう明らかにされるであろう。

❖不安を超越して

曾谷氏が日蓮にあてて手紙を書いたときは、戦況としては、東路軍と江南軍が平戸島付近で合流していたころである。このままで推移すれば、上下万民がそれこそほんとうに仰天しなければならぬ事態に立ち至ったかもしれない。とにかく日本がいちばん危機的な情況にあったときである。防衛・動員の体制は最後的段階にまで強化されようとしていた。以上述べたことを念頭において、さきの『曾谷二郎入道殿御報』を改めて読みなおしてみよう。

東路軍が対馬をおそったのが五月二一日、二二日であり、六月六日夜から志賀島付近で彼我の戦闘がかわされているのであるから、日蓮が同書を書いたとき、すでに弘安の役の段階にはいっていたことは熟知していたはずである。同書に「此の合戦すでに興盛《こうじょう》なり」といっているのを、この意味で了解してもまちがいではあるまい。合戦の興盛は修羅道・阿鼻地獄そのものである。

曽谷氏にとって、それはすでに眼前のことであった。生きて日蓮に手紙を出したが、ふたたびそうできるかどうか。生別は同時に死別を意味した時期である。日蓮の「感涙押さえ難し。何《いつ》の代《よ》にか対面を遂《と》げんや」という表現は痛切である。いつでも出陣できる装備上の用意はもう万端《ばんたん》ととのっていたとみられる。

あとにのこっているのは、戦場におもむく戦士としての安心決定《けつじょう》の問題だけである。曽谷氏の日蓮にたいする問いの焦点はここにあった。日蓮の同氏にたいする返書が、あたかも〝入阿鼻地獄論—堕地獄論〟の観をいだかせるのはこのためである。日蓮は堕地獄を強調することによって、法華信仰へのいざないとした。それでは、修羅道（戦場）に交わりながら仏国にいたるためにはどうしたらよいのか。

日蓮がこれまでにおこなってきた念・禅・律・真言等の諸宗にたいする批判は、つまるところ、法華信仰の純粋化・徹底化のために欠くことのできない作業であった。真言宗批判はその最後の仕上げであったといってよい。曽谷氏は、日蓮の武士信徒のなかではもっとも識字能力の高いほうに属し、日蓮の真言宗批判の論証はすでに十分心得ていた。日蓮もこの書では、その論証をくりかえしてはいない。さきに述べたように、ただちに堕地獄論からはいっている。

曽谷氏にとっては、もう論証の段階ではなかったからである。日蓮は、そこでは「疑いを生じて信じなければ、すなわちまさに悪道に堕《お》ちるであろう」という『法華経』の本文に説く信《しん》心為本《じんいほん》（信仰がすべての根本である）の立場を、曽谷氏に確認してもらえればよかったのである。ひたすら『法華経』を信じ、霊山浄土《りょうぜん》を心に期することが、不安から脱出する唯一の道であると示された。曽谷氏にとっては、この教え以外、自己を律し自己を保証する道はなかった。

霊山浄土の信仰については、蒙古国書到来の段階で強く表出された後生善処の信仰が前提となり、両者はわかちがたく融合している、ということを述べておいた。霊山浄土の信仰は、日蓮が佐渡に流されてから確実にみえはじめ、蒙古襲来の危機が進行し現実化するなかで、いよいよ確固としたものになった。曽谷氏の最後的な安心決定のために示された指針もこの信仰であった。

霊山というのは、インドの霊鷲山《りょうじゅせん》のことで、釈尊が『法華経』を説いた場所である。釈尊当時のインドの最大強国であるマガダ国の首都である王舎城《おうしゃじょう》の周囲にある険《けわ》しい一つの峰である。現在ではよい登山道路ができていて途中まで自動車で行けるようになっている。

日蓮にあって霊山浄土は二つの意味があった。一つは『法華経』寿量品《じゅりょうほん》に根拠をおくもので、仏は常に霊鷲山にいます、あるいは「この土は安穏で天人がつねに充満している」という常寂光土《じょうじゃくこうど》としてのそれである。一つは客観的実在の世界として考えた浄土で、いわゆる未来《みらい》往詣《おうけい》の浄土である。後者は実際には死後における浄土として観念された。ここでは、ともあれ蒙古襲来を機とする後生善処の信仰が、後年の、死後の世界における未来往詣の信仰をひきおこさせる機縁になったことを指摘しておきたい。

現存遺文でこの霊山浄土の思想がみられるのは、文永七年（一二七〇）のものといわれている九月二六日の富木氏あて『真間釈迦仏御供養逐状《まましゃかぶつごくようおいじょう》』に「後生は霊山とおぼしめせ」とあるのが最初である。しかしこれは浅井要麟《あさいようりん》によって、吟味を要する書であり、かつ系年も文永七年でなく建治三年（一二七七）にかけたがよいものであると主張されている。浅井は、佐渡配流以前の真蹟遺文には、霊山浄土の信仰はみられないといっている。

かりに浅井の言い分を認めるとしても『法華経』信仰に立つかぎり、もともと常寂光土の霊山信仰はあるものである。ただ、寿量品の説相にのっとった霊山信仰が未来往詣の信仰に転化していくのは、蒙古国書の到来以後の後生善処の熱願が媒介となり、それが佐渡配流以後明確になったと理解されはしないだろうか。

一二六九年（文永六）、三位房《さんみぼう》にあてた『法門可被申様之事』に「霊山の釈迦牟尼仏《しゃかむにぶつ》の御魂」云々といっており、客観的浄土としての霊山を予想させる書きぶりであるのも、この考えをささえてくれるように思う。

❖身つかれ心いたむ

幕府は一二八一年（弘安四）閏七月九日に、社寺《しゃじ》権門領《けんもんりょう》本所《ほんじょ》一円《いちえん》の地の荘官以下が武家の命令に従い戦場に向かうべきことの勅許奏請《ちょっきょそうせい》の手続きをとろうとした。防衛体制の強化策として、幕府支配下の御家人のみならず、社寺権門領本所一円の地の荘官以下をも組み入れようとする動向は、すでに石築地（防塁）の築造などにも明確化しており、彼らをも戦場に向かわせることは早晩必至のことであった。

この閏七月九日は、蒙古軍覆滅のしらせが京都に着き、上下をあげて異国退散の喜びにわいた日であり、九州の現地では、日本軍による残敵掃討戦《そうとうせん》が終わったころでもあった。右の勅許奏請がどうなったか、結末はわからない。その必要まで至らなかったから、沙汰《さた》やみになったのではないかと思われる。ただ、幕府は防衛体制をいちだんと強化し、とくに瀬戸内海沿岸の防備を厳重にさせた。加うるに、二度目の異国征伐の計画さえ試みている。

ところで、見延入山以来、見延における弟子の育成、各地における信徒の教導、あるいは熱原法難をはじめ各信徒の信仰上の葛藤《かっとう》にたいする指導、と多忙をきわめた日蓮は、一二七七年（建治三）末から翌年六月までひどい下痢にかかり、以後しだいに健康がおとろえていった。一二八一年（弘安四）五月、池上氏兄弟にあてた『八幡宮造営事』にみずから「日々の論義、月々の難、両度の流罪に身つかれ、心いたみ候し故にや、此《この》七、八年が間、年々衰病をこり候」と述べている。

一二八一年(弘安四)閏七月一日、蒙古軍が覆滅し、日本軍によってひきつづき掃討されたころ、いったい日蓮は、蒙古襲来についてどのようなことを信徒にいっていたのであろうか。かつて見延山に真蹟が残っていた弘安四年八月八日の『光日上人御返事《こうにちしょうにんごへんじ》』がこの間のことを伝えている。

弘安四年五月、壱岐・対馬がおかされる以前は日本全体、誰も蒙古の責《せ》めにあうとは考えていなかった。日蓮だけがこのようなことになるであろうと知っていた。五月に壱岐・対馬がおかされ、蒙古襲来は謗法の国日本にたいする宗教的な天のいましめだといってきた自分の意見は、みごとにあたったではないか。

というのである。蒙古軍が覆滅し掃討され、まる一月を経たあと、その事実を知らず、「日蓮が申せし事はあたりたり」といっているのである。文永の役にくらべると、情報の入手がかなりおくれている。

では蒙古軍覆滅の事実を知ったあと、日蓮は蒙古襲来についてどのようなことを信徒に述べていたのであろうか。そのことを示す、疑う余地のまったくない真蹟遺文というのは実は残っていないのである。だから厳密にいえば、『光日上人御返事』をもって日蓮の蒙古襲来に関する意見は聞かれなくなったといわねばならない。

ただ、疑わしい点を指摘されながらも、現在では真蹟遺文に準じて取り扱ってよいと認められているもので、蒙古襲来に関説した日蓮の最後の遺文がある。死去するちょうど一年前の弘安四年一〇月のものといわれる『富城入道殿御返事』である。

蒙古襲来に関し真言師の祈禱の法験《ほうげん》がないということを承久の乱を素材にしてくわしく述べていることから『承久書』の異称がある。主題の蒙古襲来についての応答よりも、この部分のほうがはるかに多くの文字がつかわれている。同遺文によると富木常忍から弘安の役に関する情報が閏七月一五日に発信され、それを日蓮は一〇月二〇日に受け取っている。

この常忍の手紙には、九州では大風が吹いて蒙古の船が覆滅したこと、それは西大寺の叡尊の祈禱によるものだとうわさされていることなどがしたためられていた。蒙古襲来は謗法の国日本にたいする宗教的天のいましめであるという、これまでの日蓮の主張とは合わない事態となり、常忍も「あに然らんや」と半信半疑の気持ちで通報し、示教《しきょう》を仰いだのである。日蓮も「此の事別《べつ》して此の一門の大事」だと考え、病をおしてこれに答えている。

❖秋風にわずかの水

日蓮がまずいっているのは、常忍がしらせてくれたようなことは、ひとえに日蓮を失わんとして、なかろうことを造り出さんがためのものだということである。このところの解釈は、この遺文全体の理解にもかかわることで重要であるが、意外に難解である。常忍の報告全部をでっちあげだといっているのでもないようである。この遺文の末尾の記事をみると、蒙古軍覆滅の事実を認めているからである。その末尾で述べていることは、こうである。

　わずかの風雨で敵船が破損したからといって、それを大将軍を生け取ったなどといい、しかも叡尊の祈禱が成功したなどといっているが、それでは蒙古王の首は切ったのかと問い返しなさい。

というのである。周知のように、同時代の他の人々は、弘安の役の大暴風を〝神風〟といい、神明の威徳《いとく》といっていたのに、この遺文では「秋風にわずかの水」といっている。日蓮が、〝神風〟という言葉を使わなかった理由については、前に述べておいた。

　この遺文は千葉県市川市の中山法華経寺に所蔵しており、真蹟ではなく別人の手蹟である。弟子の代筆だともいわれている。代筆だとしても内容上真蹟に準じて扱えればよい。しかし同遺文については疑問視する人もかなりあり、とくに浅井要麟はその疑点を多面的に指摘した。ところが、同書原本の奥の花押《かおう》はまさしく日蓮の自筆であることが、一九六一年（昭和三六）鈴木一成らによって確かめられた。代筆ではあるが、真蹟遺文に準じて取り扱ってよいわけである。また、すくなくとも蒙古襲来に関する部分の記事についてだけでいえば、日蓮の従来の主張につないで考えてみて、本質的な矛盾はない。行文の間にまけおしみやくりごとめいた気味があるけれども、六〇歳という年齢と健康を害していてすでに死の影が近づいていることもあわせ考えねばならない。以上のようなことを考慮しながら、同遺文の蒙古襲来関係の記事について述べてみよう。

ここでまず確認しておきたいことは、戦争というのは交戦国のどちらかがはっきり負けを認めるまではつづくものだということである。蒙古襲来は日本にとっては、たしかに未曽有《みぞう》の「国難」であった。日蓮みずから「日本国には神武《じんむ》天皇よりいまにいくさ多《おおし》というとも、此《この》蒙古国の合戦第一なるべし」といっているとおりである。しかし元朝にしてみれば、文永・弘安の役の失敗など、たいしたことではなかった。

帰服したての南宋軍の膨大な軍隊の処置については、日本派兵という名目がつき、勝てばよし、負けてもその〝処置〟がつくわけである。元朝にとって日本派兵は、勝ち負けのいずれにせよ割りの合わない試みではなかったといえる。

フビライは弘安の役後もひきつづいて日本遠征を実現しようとしていた。中国南方やベトナムの反乱があったにもかかわらず、いったん廃止した征東行省を再建して出兵計画を具体化しようとしている。元が日本遠征計画を断念するのは、日蓮滅後一三年目の一二九四年（永仁《えいにん》二、元・至元三一）のフビライの死をまたねばならなかった。

このような歴史事実をふまえて、さきの日蓮の答えを読みなおしてみると、その答えが、その後の歴史の動きからはずれたものではなかったことを理解できる。たしかに日蓮がいうように勝ったということは、蒙古王の首をみなければいえないことであり、大暴風による僥倖《ぎょうこう》など、その僥倖の規模が大きかったにせよ、決定的な勝利をおさめる以前の段階では、相対的に低い意味しかもたない。

いうまでもなく、弘安の役は蒙古襲来にたいする決定的な勝利ではなかった。フビライによる侵攻はひきつづいて予測されるところであった。次の時代の南北朝時代にはいって。ある海辺におびただしい馬糞《ばふん》が流れついたとき、日本人はまたもや蒙古襲来かと驚いたものである。

日蓮がこのようなことをいうのは、日本が蒙古に勝てるはずはないという予測があったからである。日蓮によれば「かの国よりおしよせなば、蛇の口のかえる、庖丁師《ほうちょうし》が俎《まないた》にをけるこゐ（鯉）・ふな」のごとくになるはずであった（『上野殿御返事』）。海さえなかったら、あるいは、この予測はあたっていたろう。富木常忍にたいする日蓮の応答は、以上のような意味ではいちおう理にかなっていた、

しかし、常忍が日蓮に問いたかったのは、謗法・悪法の日本をこらすために日本をおそってきたはずの蒙古軍が、大暴風によってついに敗退したということはいったいどういうことなのか、ということであった。その点で、日蓮の答えは合理的なよそおいをとりながら質問の要点

身延山久遠寺の日蓮の御廟（山梨県南巨摩郡身延町）

をそらしていることになる。次の項で述べるように、蒙古襲来を謗法の日本の宗教的再生において意味あらしめようとする日蓮の宗教的解釈の文脈のなかで理解すべきことであり、また、このような形での相対化の論理が、歴史の動向からはずれたものではなかったにせよ、信仰達成の弁証としてはあまり生産性がない。

蒙古王の首はきたかと返答する以外、どのように人がいおうとも返事するな、この一門の人々にもそのむねを伝えよ、と日蓮がいいそえているのも、この弁証の不毛性を知っていたからであった。

日蓮はこれ以後まったく蒙古襲来のことを筆にはしていない。健康がはかばかしくなく、すでに死の影が近づいていたこともあるが、おもな理由は右に述べたようなことであろう。蒙古襲来についての宗教的解釈が貫徹しなかったからといって、日蓮の価値がそこなわれるわけのものでもない。「一度の死は一定《いちじゅ》」（『兄弟抄』）である地上の現実のなかで、特殊・具体的に生きることで精いっぱいな人々に、高く広い宗教的絶対の立場から、日常性を通じて根源的・永世的に生きることを励ましてやまなかったところに、日蓮の真価があったのだから――。

衰弱した心身をいやすべく、一二八二年（弘安五）、日蓮は常陸《ひたち》の温泉への道をとった。武蔵国池上《むさしのくにいけがみ》（東京都大田区）の池上宗仲《いけがみむねなか》の館についた日蓮は、ついに常陸への道を歩むことができなかった。一〇月一三日午前八時ごろ、『法華教』信仰に一身を捧げた波瀾《はらん》の多い六一年の生涯を閉じた。

❖高山樗牛《たかやまちょぎゅう》の日蓮理解

これまで、蒙古襲来の時代における宗教者として、日蓮が蒙古問題にどのように対応したかを、いろいろな角度から述べてきた。それはつまるところ日蓮における宗教と国家との関係はどのようなものであったかということを述べてきたことになる。ただ、いろいろな角度から述べてきたので、要約してもう一度主旨をはっきりさせておきたい。

この点についてもっとも早く、そしてかなり的確な理解を示しているのは高山樗牛（一八七一～一九〇二）である。紹介の意味もこめて、樗牛の理解にそいながらこの点について述べ、本書のむすびとしよう。

よく知られているように、樗牛は明治中期の代表的ジャーナリストで、文芸評論家として当時の青年層に非常に大きな影響を与えた人物である。樗牛の書いた日蓮に関する文章は『樗牛全集』に収まっているが、一九一三年（大正二）に博文館から発行された『高山樗牛と日蓮上人』にまとめられており、見るのに便利である。全集にもれていた分も加えられている。編者は樗牛の親友姉崎正治《あねざきまさはる》（号は嘲風）と樗牛の日蓮研究に影響を与えた山川智応《ちおう》の二人である。

これまで述べてきたように、日蓮は法華信仰に帰一されないような国であるならば日本はほろんだがよいとか、日本は『法華経』をひろめようとするものに迫害を加える国であるから、梵天・帝釈などが蒙古に命令して日本を攻めさせたのだ、といっている。つまり日蓮は、ふつうにいうような意味での愛国者ではなかった。そこで日蓮のいう国とはどのようなものであるかをはっきりさせなければならない。それは樗牛が理解しているように、日蓮にとっては、法（法華信仰）によって浄《きよ》められた国土でなければ真正の国家としては認められなかったのである。そこで、法——法華信仰すなわち宗教と国家との関係が問題になる。

また、樗牛の理解のように、日蓮は宗教的真理のために国家を認めたのであって、国家のために宗教的真理を認めたのではなかった。日蓮にとって、宗教的真理はつねに国家よりも重かった。だから、日蓮は宗教的真理のためには、国家がほろびることもあえて認めた。もちろん、単純に、国家＝国土が滅んでよいと考えていたわけではない。宗教的真理を具現する国家＝国土としての日本を、ぎりぎりにたいせつに思うがゆえの宗教的表現であったと理解しなくてはなるまい。

つまりこれは宗教的真理の高みから、個別・具体的に国家を考えていくという思考方式だといえよう。だから日蓮を国家主義の名で顕彰し、日蓮の名で国家主義の装備を固めていこうとするのは、ともに誤りである。

謗法によって滅亡した国家が、滅亡によって再生し、法華信仰によって浄められた国家として再生することを日蓮は信じていた、という樗牛の理解は、日蓮の蒙古襲来にたいする対応の仕方についての彼の理解のしめくくりとして注目すべきである。それを日蓮自身の遺文にかさね合わせてみておこう。一二七四年（文永一一）のものとも、あるいは一二八〇年（弘安三）のものともいわれている『異体同心事《いたいどうしんじ》』が、典型的なものの一つであるから、これを引いてみる。

蒙古襲来のことは間近になってきたようだ。わが国のほろびることはほんとうに情ないことだけれども、もしこれさえそらごとになるなら、日本国の人々はますます『法華経』を誹謗して、そのためみんながかえって無間地獄《むげんじごく》におちるという結果になるだろう。蒙古襲来の危機が増大して日本国がほろびるようなことがあっても、正しい宗教を非難攻撃するという罪だけは薄くなるというものだ。

だが、日蓮は、おおく右のような表現をしながらも、これまでしばしば述べてきたように、「国の亡びるが第一の大事」という考えをすてていたわけではない。むしろ、正法の樹立によって蒙古が退けられることを望んでいたのである。最後にもう一度くりかえそう。国家＝国土よりも宗教的真理が重いということの意味は、宗教的真理を具現する国家＝国土としての日本を、ぎりぎりにたいせつに思うがゆえの宗教的表現であった、と。ただ、それだけに、宗教的表現と現実との矛盾は深かった。右にかかげた『異体同心事』の行間からも、この矛盾にゆれる日蓮の深い苦悩を読みとることができる。日蓮の蒙古襲来にたいする究極の態度を、樗牛のように、超国家的段階においてのみ理解しようというのは、彼一流の浪漫的な理解であって、やはり一面的だといわざるをえない。

日蓮から現在のわれわれはいったい何を学んだらよいか。それは、本書を読まれたみなさんが、本書からそれぞれ引き出していただきたい。そのさい、一八九四年（明治二七）という早い年代に、クリスチャンとして有名な内村鑑三《うちむらかんぞう》（一八六一〜一九三〇）が『代表的日本人』のなかで日蓮について書き残している文章のうちおおいに参考になると思われるものがあるので、次に書きしるしておこう。ただ、彼の日蓮理解も、樗牛同様、当時の日蓮研究の水準に制約されて、事実認識のうえで若干の誤まりをふくむものであることをつけ加えておかねばならないが——。

彼（日蓮）よりその知識上の誤謬《ごびゅう》、遺伝されし気質、時代と環境が彼の上に印したる多くのものを剥《は》ぎ取れば、然《しか》らば諸君はその骨髄まで真実なる一個の霊魂、人間として最も正直なる人間、日本人として最も勇敢なる日本人を有するのである。

日蓮年譜

西暦	年号	年齢	日蓮の事蹟	仏教関係	一般・蒙古襲来関係
一二二二	貞応 一	一	安房国長狭郡東条郷に生まれる		
三三	天福 一	一二	清澄寺に登る		
三七	嘉禎 三	一六	清澄寺の道善房について出家		
三九	延応 一	一八		一遍、生まれる	
四〇	仁治 一	一九	このころ京都に遊学		
五三	建長 五	三二	清澄寺で法華信仰を開陳。いわゆる立教開宗	8 道元、京都に死す 11 北条時頼、建長寺を創建	
五七	正嘉 一	三六			8 鎌倉大地震
五九	正元 一	三八	『守護国家論』を書く	忍性、北条重時のために極楽寺の寺地を相す	疫病流行
六〇	文応 一	三九	7 『立正安国論』を書き、得宗被官宿屋最信の手を経て北条時頼に上呈	兀庵普寧来日	疫病流行
六一	弘長 一	四〇	5 伊豆の伊東に流罪		
六二	二	四一	『顕謗法抄』を書く	2 叡尊、鎌倉に下向 春、忍性鎌倉多宝寺に住す 11 親鸞死す	
六三	三	四二	2 伊豆流罪をゆるされる		11 北条時頼、死す

六四	文永 一	四三	11 安房国東条の松原で東条景信におそわれる		
六七	四	四六		8 忍性、鎌倉極楽寺に住す	
六八	五	四七	『立正安国論』を浄書して幕府要路者に進呈 『立正安国論』の主旨を方々に申し送る	夏、叡尊、四天王寺において攘夷の祈禱	閏1 蒙古国書到来 2 幕府、讃岐国の御家人をして蒙古襲来にそなえさせる 3 北条時宗、執権となる
七一	八	五〇	9 これより以前、忍性らによって幕府に訴えられる 12 平頼綱に逮捕される 10 佐渡に配流。塚原三昧堂におかれる		9・13 幕府、九州に所領をもつ東国御家人に命じて異国警固のために九州に下向させる 11 蒙古、国号を元と称する
七二	九	五一	2 『開目抄』を書く。夏のころ一谷にうつされる		2 北条時輔の乱
七三	一〇	五二	4 『観心本尊抄』を書く		4 高麗の三別抄の乱たいらぐ
七四	一一	五三	2 佐渡流罪をゆるされる 4 平頼綱に蒙古問題についての意見を述べる	夏、一遍、熊野に参詣	1 元、高麗に造船命令を下す 10 元・高麗の日本遠征軍合浦を出発。対馬・壱岐を侵し、博多湾に侵入（文永の役）
		五四	5 甲斐国身延にはいる		
七五	建治 一		『撰時抄』を書く	一遍、九州にわたる	5 幕府、備後・安芸・周防・長門の御家人らに長門警備を命ずる 9 幕府、竜口で蒙古の使者を斬る 12 幕府、高麗進攻を計画、のち中止

七六	二	五五	3 このころ池上宗仲、日蓮の教えを信受して父に勘当される 7 『報恩抄』を書く	一遍、筑前国の某武士の館で念仏を授ける	3 幕府、九州の将士に命じて防塁を築かせる
七八	弘安 一	五七	昨年来の下痢になやまされる	7 建長寺開山道隆死す	11 元の世祖、日本商船に交易を許可する
七九	二	五八	9 滝泉寺院主代、日蓮の弟子日秀らを訴える。熱原の農民信徒二〇名鎌倉に連行される。のち三名斬首 10 日秀らにかわって陳状を書く	8 宋僧祖元、建長寺に住す	7 蒙古の使者を博多に斬る
八一	四	六〇	11 見延の寺坊を造作。春から年末まで病気になやむ	7 忍性、幕命により攘夷の祈禱を稲村崎に修す	5 東路軍、合浦を出発。対馬・壱岐を侵す 閏7 大暴風のため蒙古の艦船の大部分は漂没
八二	五	六一	10・13 武蔵国池上の池上宗仲の邸で死去		2 元、日本遠征の準備をはじめる

参考文献

資料

小川泰堂校訂『高祖遺文録』 身延山蔵版 明治一三年
姉崎正治校注『日蓮上人文抄』 岩波文庫 昭和五年
立正大学日蓮教学研究所編『昭和定本　日蓮聖人遺文』 身延山久遠寺 昭和三四年
兜木正亨・新間進一校注『親鸞集　日蓮集』(「日本古典文学大系」八二) 岩波書店 昭和三九年
師子王文庫編『本化聖典大辞林』(再刊) 山喜房仏書林 昭和四三年
兜木正亨校注『日蓮文集』 岩波文庫 昭和四三年
中尾堯編『中山法華経寺史料』 吉川弘文館 昭和四三年
田村芳朗編『日蓮集』(「日本の思想」四) 筑摩書房 昭和四四年
戸頃重基・高木豊校注『日蓮』(「日本思想体系」一四) 岩波書店 昭和四五年

著書

姉崎正治著『改訂　法華経の行者日蓮』 博文館 大正五年
山川智応著『日蓮聖人伝十講』 新潮社 大正一〇年
山川智応著『日蓮聖人研究』(一・二) 新潮社 昭和四・六年

池内宏著『元寇の新研究』（付録共）　東洋文庫　昭和六年
佐木秋夫著『荒旅に立つ――日蓮』　月曜書房　昭和二三年
相田二郎著『蒙古襲来の研究』　吉川弘文館　昭和三三年
望月歓厚著『日蓮教学の研究』　平楽寺書店　昭和三六年
家永三郎著『中世仏教思想史研究』（増補版）　宝蔵館　昭和三八年
立正大学日蓮教学研究所編『日蓮教団全史』（上）　平楽寺書店　昭和三九年
山口修著『蒙古襲来――元寇の真実の記録――』　桃源社　昭和三九年
鈴木一成著『日蓮聖人遺文の文献学的研究』　山喜房仏書林　昭和四〇年
高木豊著『日蓮とその門弟』　弘文堂　昭和四〇年
戸頃重基著『日蓮の思想と鎌倉仏教』　冨山房　昭和四〇年
旗田巍著『元寇――蒙古帝国の内部事情――』　中公新書　昭和四〇年
田村芳朗著『予言者の仏教』　筑摩書房　昭和四二年
浅井要麟著『日蓮聖人教学の研究』（再刊）　平楽寺書店　昭和四四年
中島尚志著『日蓮――行動者の思想――』　三一書房　昭和四五年
高木豊著『日蓮――その行動と思想――』　評論社　昭和四五年
川添昭二著『注解　元寇防塁編年史料――異国警固番役史料の研究』　福岡市教育委員会　昭和四六年

さくいん

〈『日蓮』『法華経』・元寇・蒙古襲来等の頻出語は除く〉

【は・ひ】

【ふ・へ】

【ほ】

【ま・み】

【む・め・も】

新《しん》・人《ひと》と歴史《れきし》　拡大版《かくだいばん》　42
日蓮《にちれん》と蒙古襲来《もうこしゅうらい》

定価はスリップに表示

2021年７月20日　　初　版　第１刷発行

著　者　　川添《かわぞえ》　昭二《しょうじ》
発行者　　野村　久一郎
印刷所　　法規書籍印刷株式会社
発行所　　株式会社　**清水書院**
〒102－0072
東京都千代田区飯田橋3－11－6
電話　03－5213－7151㈹
FAX　03－5213－7160
http://www.shimizushoin.co.jp

カバー・本文基本デザイン／ペニーレイン
乱丁・落丁本はお取り替えします。　ISBN978－4－389－44142－5